Die Geschichten stammen aus der Kolumne
„Hallo Nürnberg!", die seit 2011 in den
Nürnberger Nachrichten erscheint.

2. Auflage Januar 2017
Copyright © Anette Röckl
Gestaltung und Illustrationen © Jacqueline Weser
Alle deutschen Rechte vorbehalten
Printed in Germany
ISBN 978-3-00-054781-2

MEINE KNEIPEN-KATZE UND ICH

„Hallo Nürnberg!"- Kolumnen
aus den Nürnberger Nachrichten

INHALT

Die Katze auf dem kühlen Barhocker _____ 7

Deutsch als Fremdsprache _____ 13

Anleitung zum Unordentlichsein _____ 17

Liebesgrüße aus Franken _____ 21

Schoppershof soll wärmer werden _____ 25

Catwalk auf dem Bistro-Tisch _____ 29

Gefangen in der Kleiderwurst _____ 33

Einkaufen mit dem i-Arm _____ 37

Big Data aus Schoppershof _____ 41

Ich seh' Bombe aus! _____ 45

Ich will zurück nach Schoppershof! _____ 49

Hier spricht die Katze _____ 53

Meine Liege gehört zu mir! _____ 57

Eine Socke kommt oft allein _____ 61

Bei mir trainiert der Kopf _____ 65

Palme, wohin willst du? _____ 69

Mit dem Navi auf dem Holzweg _____ 73

Joker, bitte melde dich! _____ 77

Hier spricht Joker	81
Robben, der bleiche Spanier	85
Was zerkoche ich heute?	91
Ich mach' mich mal vom Acker	95
Ich fordere: Zeitlupen für alle!	99
Parapluie mit Bindungsangst	103
Wie geht's der Katze?	107
Kinder, Kinder!	111
Fernseh-Fasten	115
Eine Jacke von edlem Geblüt	119
Die Diva des Gartens	123
Katzen können keine Steuer	127
Zusammen ist man weniger allein	131

Herzlichen Dank an Isabel Lauer und Christine Thurner für das gewissenhafte Lektorat. Wer jetzt noch einen Rechtschreibfehler findet, darf ihn behalten! Dank außerdem an Kathrin Alber und Birgit Rehm für die Hilfe bei der Auswahl der Kolumnen. Ohne euch würde ich immer noch hin und her überlegen. Merci an Ariane Fitzgerald, ohne deren Überzeugungskraft es diese Kolumne gar nicht gäbe. Last but not least, Dank an meine Katze Joker fürs Nicht-über-die-Tastatur-Laufen!

Für Anita und Uli

DIE KATZE AUF DEM KÜHLEN BARHOCKER

Haustier-Geschichten gehören ja in dieselbe Kategorie wie süße Kinder-Anekdoten: Man behält sie am besten für sich. So wollte ich es eigentlich auch halten, uneigentlich muss ich Ihnen diese Story aber einfach doch erzählen. Für mich hat sich neulich nämlich ein großes Mysterium gelöst. Die Frage: Was treibt meine Katze eigentlich nachts?

Dass sie immer erst frühmorgens nach Hause kommt, ist nichts Besonderes. Dass sie seit einigen Monaten dann am Fressnapf völlig desinteressiert vorbeispaziert, ist allerdings neu. Und ungefähr so wahrscheinlich wie Reiner Calmund auf dem Titel von „Men's Health". Dessen Ausmaß – auf eine Katze übertragen – hat mein Tier im Übrigen. Und auch wenn es

ein, zwei Tage länger weg war, dünner kam es nie zurück.

Jetzt weiß ich, warum. Meine Katze geht nicht einfach spazieren. Meine Katze geht in die Kneipe. Und zwar täglich. Das verriet mir neulich der Wirt, der mich zufällig vor dem Bäcker traf.

„Du", begann er das Gespräch, „hast du noch die Katz'?" Er war vor Jahren an einer Joker-Einfang-Aktion beteiligt gewesen. Damals war die Mieze aber halb so alt und nur ein Drittel so fett. „Ja, hab' ich. Den Joker, immer noch. Warum?", fragte ich. „Der kummd jeden Dooch zu mir", sagte er und strahlte. „Was macht er?", gab ich zurück, wie eine Ehefrau, die vom Doppelleben ihres Gatten erfährt. „Freilich, jeden Tag kummd er, immer nachts", wiederholte der Wirt und holte sein Handy aus der Tasche. Darauf waren eindeutige Beweisfotos: Joker, alle viere von sich gestreckt auf dem Stuhl schlafend, Joker auf dem Fensterbrett, Joker umgeben von einem Meer aus Trockenfutter. „Sensidiv' krichd er", erklärte mir der Wirt. „Nassfutter frisst er ja nimmer." Das hatte ich in der Tat auch schon festgestellt. „Er kommt echt jeden Tag?", fragte ich verdattert nach. „Ja", bestätigte der Wirt.

Aber nicht nur das: Meine Katze hat sogar einen Stammplatz in der Kneipe. Wagt es jemand, darauf zu sitzen oder seine Tasche darauf abzulegen, schafft sie es meistens durch penetrantes Anstarren, dass ihr Stuhl bald wieder frei ist. In schweren Fällen verlässt sie das Geschehen. „Wenn ihm was ned bassd, geht er widder", erklärte mir der Wirt. Anerkennung lag in seiner Stimme.

Auch ich muss sagen: Hut ab. Sich als Katze in einer Kneipe einen Stammplatz zu erarbeiten – alle Achtung. Ich dachte bis dato naiv, sie liege unter einem Busch an der Bismarckschule. Stattdessen hockt sie jeden Tag auf einem Barhocker. Vielleicht kann Joker inzwischen ja sogar schon schafkopfen? Zutrauen würde ich's ihr. Eine Frage stellt sich aber: Jokers Stammkneipe macht um ein Uhr zu. Wohin geht sie dann? In die Wacht am Rhein? Neulich roch sie in der Früh nach fremdem Damenparfüm. Ob sie Lippenstiftspuren an ihrem Fellkragen hatte, konnte ich nicht erkennen...

Liebe Kneipenbesitzer, gebt mir doch bitte Bescheid, wenn bei euch regelmäßig eine übergewichtige Katze auftaucht! Sie ist grau getigert und hört nicht auf ihren Namen. Fressen kann sie sehr gut. Trinken vermutlich auch. Nur Mäuse hat sie nie dabei. Lasst es mich deshalb bitte wissen, wenn sie Stammkunde ist. Dann komm' ich vorbei und zahle endlich ihren Bierdeckel. Cash auf die Kralle!

DEUTSCH ALS FREMDSPRACHE

Mobbing. Ist Ihnen eigentlich schon mal aufgefallen, dass dieses Wort wie geschaffen ist für den fränkischen Gaumen? Das ist doch kein Zufall. Wir Franken werden doch die ganze Zeit gemobbt! Mit Loddar-Witzchen und regionalen Irrtümern. (Ach, du kommst aus Bayern? Nein!) Das schlimmste Franken-Mobbing ist mir aber im Studium passiert. Als ich so irre war, für eine Theaterrolle vorzusprechen. Ich hatte mich gut vorbereitet – vor allem auf die harten Konsonanten. „P" und „T" ausstoßend wartete ich zwischen den hennagefärbten, asymmetrischen Frisuren meiner Kommilitonen auf meinen Einsatz. Der Theater-Professor kam, ich sprach, das Urteil war vernichtend. „Sie bewegen sich schön durch den Raum", begann er seinen Verriss zartfühlend. „Aber Sie sagen ‚Buccch', ‚Kürche' und ‚Ürgendwie'." Ich schaute ihn verständnislos an. Was wollte der Mann von mir? Kürche? Ja klar. Wie denn sonst? Der Theatermann schüttelte sein akademisch zerzaustes Haar, dann erklärte er: „Tja, das ist das Problem von Leuten, die nicht zweisprachig aufgewachsen sind." Bitte? Hatte ich irgendwas verpasst? Konnte ich doch nichts dafür, dass meine Mutter keine Französin war. Kurz darauf dämmerte mir, dass der gute Mann damit offenbar zum Ausdruck bringen wollte, dass ich von meinen Franggn-Eltern nur Dialekt sprechend erzogen wurde – ohne Hochdeutsch als Fremdsprache.

Mir wurde heiß. Ein Wort manifestierte sich mit leuchtenden Buchstaben in meinen frankonisierten Gehirnwindungen: Depp! Statt den feingeistigen Preußen mit diesem Wortbrocken umzuhauen, hielt ich lieber meine einsprachige Klappe. Leider war ich nicht nur zornig, ich schämte mich auch wegen meiner, sprachlich betrachtet, hundsgrübbeligen Erziehung. Konnte man Eltern rückwirkend dafür verklagen?

Eigentlich hätte es nicht mehr schlimmer werden können, aber der Professor setzte noch eins drauf: „Entweder Sie gehen lieber zu einem fränkischen Fernsehsender", sagte er. „Oder Sie genießen Sprecherziehung bei..." – und jetzt kam die größte Gemeinheit – „bei Herrn Traupe." Traupe! Darin stecken alle Buchstaben, die ein Franke nicht aussprechen kann! Hartes „T" am Anfang, gefolgt von einem ungerollten „R", danach ein hartes „P". Ein Sprechlehrer mit so einem Namen war eine Anfeindung und Provokation für jeden Franken. Ich schnaufte durch und schaffte es, den Raum halbwegs erhobenen Hauptes zu verlassen. Draußen wartete eine Freundin auf mich. Sie wollte wissen, wie das Vorsprechen – das Wort „Casting" war damals noch nicht erfunden – gelaufen war. „Ich sage ‚Buccch' und ‚Kürche', das geht nicht. Ich muss erst gescheit sprechen lernen", sagte ich mit hängendem Kopf. Sie schaute mich verstört an: „Hochdeutsch? Allmächd. Aber bist du dann noch du?!"

Ich bin dann doch ich geblieben. Herr Traupe hat mich nie gesehen und mit der Theaterkarriere wurde es folglich nichts. Stattdessen schreibe ich lieber. Weil ein getipptes „R" nicht rollt. Wer weiß, am Ende verfasse ich vielleicht sogar einmal ein Buccch. Über Kürchen. Ürgendwann.

ANLEITUNG ZUM UNORDENTLICHSEIN

Es gibt ja Menschen, die machen die verrücktesten Sachen: Bungeejumping, Tiefseetauchen, Briefe öffnen. Ganz vogelwilde Kreaturen machen ihre Post nicht nur auf, sie heften sie sofort ab. Abheften! Ich fasse es nicht.

Diese Leute haben ja wohl gar keine Ahnung! Wissen sie nicht, dass gute Post abhängen muss wie ein ordentliches Stück Speck? Oder ein guter Wein oder ein schöner Käse? Tsss.

Um den Reifungsprozess nicht zu stören, hat man folgendermaßen vorzugehen. Erstens: Post im Briefkasten ignorieren, bis sie zum Schlitz herausquillt. Erst dann ist sie bereit für zweitens – die Wohnungslagerung. Unangetastet werden die Briefe auf den bereits vorhandenen Poststapel auf dem Küchentisch abgelegt. Achtung: neue Briefe nur vorsichtig mit dem Schneebesen unterheben, sonst droht Einsturzgefahr. Dann den Stapel in aller Ruhe gehen lassen. Wer mag, deckt ihn mit einem Geschirrtuch ab oder lagert Einkäufe aller Art darauf.

Frühestens nach ein paar Wochen kann man beginnen, die Briefe zu öffnen. Vieles hat sich dann zum Glück schon erledigt. Lästige Geburtstagsfeiern sind bereits vorbei, Stromzählerstände wurden geschätzt und langweilige Rechnungen haben sich in aufregende Mahnungen verwandelt. Das bringt Spannung in den Alltag!

Tipp: Eine Taschenlampe sollte immer griffbereit liegen. Denn es kann vorkommen, dass man ab und an im Dunkeln lesen muss, weil der Strom abgedreht wurde, da mit der Online-Überweisung etwas schiefgegangen ist. Ich selbst kenne solche Fälle natürlich nur vom Hörensagen …

Für Dokumente und Rechnungen aller Art ist daneben die Garderoben-Hängeregistratur zu empfehlen. Mittels meiner 14 Handtaschen, die dort von der Leiste baumeln, kann ich die letzten zehn Jahre nachweisen. Lückenlos!

Und zwar nach Winter- und Sommerausgaben unterteilt: Quittungen für die Winterreifen sind in der dicken schwarzen Ledertasche, die Auslandsversicherung in der Strandtasche.

Und doch ist mir trotz meiner akribischen Ablagetechnik jetzt ein Malheur passiert. Mein Fahrzeugbrief, er ist verschollen! Weder in der Taschen-Registratur noch im Küchenstapel kam er zum Vorschein. Hat er sich etwa kompostiert? Oder war er in den Hosentaschen einer der Jeans, die ich neulich in die Altkleidersammlung gegeben habe? Nachdem ich das Jackett einer Kollegin aus Versehen weggeworfen habe, traue ich mir selbst nicht mehr.

Ich habe nur noch eine Hoffnung: mein kaputtes Auto! Dort habe ich neulich zwischen Motoröl und leeren Flaschen immerhin einen Versicherungsschein für eine Altersvorsorge gefunden. Top erhalten!

Wenn der Fahrzeugbrief da nicht ist, muss ich etwas Grundsätzliches in meinem Leben ändern. Ich kaufe ein neues Auto und engagiere eine Sekretärin, die bei mir im Kofferraum (geräumig!) Ablage macht. Während wir dahinbrausen, werfe ich ihr die Tankquittungen nach hinten und sie heftet sie postwendend ab. Einmal im Monat gehen wir den Küchenstapel durch, zweimal im

Jahr meine Taschen. Von der Steuerersparnis kaufe ich ihr einen Luxus-Fingerbefeuchter und mir einen neuen Leder-Shopper für die Hängeregistratur.

Das Leben wird sicher anders, aber schön.

LIEBESGRÜSSE AUS FRANKEN

Und, wer hat Sie heute schon dumm angeredet? Niemand? Dann sind Sie vermutlich einfach noch nicht vor die Tür getreten.

Das ist manchmal auch eine sehr gute Idee. Die Teilnahme an der Außenwelt wird oft überschätzt. Und die Kommunikationsfreudigkeit der Franken gleichzeitig unterschätzt. Dass Franken nicht gerne sprechen, ist eine Mär! Man muss nur ausreichend skandalöse Taten begehen, dann überwindet die angeblich so scheue Spezies sofort jede Hemmung. Liebreiz kann man dabei freilich nicht auch noch erwarten. Begleitet wird die spontane Sprechfreudigkeit meist von einem Gesichtsausdruck, der einer Bulldogge gleicht, die in eine Zitrone beißt. Gestern hatte ich in der U-Bahn so ein Erlebnis. Weil die Pegnitzpfeile in letzter Zeit ja häufig lieber stehen als fahren, musste ich mich in Schoppershof in ein recht überfülltes Abteil quetschen. Dort beging ich sofort Straftat Nummer eins: Ich rempelte einen Mann an. Und entschuldigte mich. Das fand er anscheinend noch blöder. Er sandte mir einen Blick, der, an einen 3D-Drucker angeschlossen, sofort einen Packen Giftpfeile ausspucken würde. Ich setzte mich artig auf einen Platz, von dem ich mich am U-Bahnhof Wöhrder Wiese wieder erhob, um auszusteigen. Am Rempel-Mann vorbei. Das war zu viel für ihn. „Für drei Stationa hassd dich etz hieghoggd??!" Fassungslos starrte er mich an.

Aber gut, ich bin ja auch verrückt. Wenn jeder in der U-Bahn ein- und aussteigt, wie er will, wo kämen wir denn da hin? Ans Ziel vielleicht am Ende noch? „Das Leben ist doch ka Wunschkonzert, Madla", höre ich ihn sagen. Apropos „Madla" – derart angesprochen, fühlt man sich immerhin gleich 20 Jahre jünger. Ich freute mich, dass ich ihm doch nicht hinterhergeschickt habe: „Guter Mann, haben wir denn schon zusammen geschussert?! Ich bin fast 40 Jahre alt!" Ja, hierzulande kann man sich tatsächlich auch bei fortgeschrittener Jugend immer noch ganz kindlich fühlen. Eine Freundin wird regelmäßig, wenn sie mit dem Rad unterwegs ist, von erbosten älteren Herrschaften sehr jugendlich behandelt. Neulich schickte ihr ein Herr sogar seinen besten Freund hinterher: „Hull's, Hasso!" (Name des Hundes geändert, Anm. d. Red.)

„Saache mir, wie du barrgst, und ich saache dir, wer du bist", kommentierte einst ein Herr das Ausparkmanöver einer anderen Freundin. Beinahe philosophisch. Leider aber falsch, denn nicht die Freundin hatte doof geparkt, sondern über Nacht alle anderen. Aber so genau wollte es der Herr dann auch wieder nicht „gesaachd" bekommen und trollte sich.

Als gebürtige Nürnbergerin bin ich auf alles gefasst. Auch bei mir selbst. Immerhin habe ich neulich schon einmal Wasser auf junge Menschen geschüttet. Das war wahrscheinlich schon der Anfang. In kurzer Zeit wird auch mich die schleichende Belferitis überfallen.

Unmerklich werden meine Mundwinkel in Richtung Merkel mutieren, dann nistet sich ein chronisches Grummeln in meinen Stimmbändern ein. Am Ende wird sich meine Stirn in

Akkordeonmanier gefaltet haben und ich blase dazu allem, was vorbeikommt, den Marsch. Und zwar so was von! Ich kann mich schon hören: „Su gäiht's doch net! Einfach aufm Weech rumlaufen. Mit Schouh an di Fäiß. Ja, Dunnerwetter! Suwos hat's fräihers net gehm!"

Als Erstes rufe ich mich am Montag gleich mal selber in der Redaktion an. Um mich über diese Kolumne hier zu beschweren: „Alzo, horng S' amal zou, junge Frau. Su a Gschmarri braung S' fei nimmer schreim!" Anbei weise ich noch ein für alle Mal darauf hin, dass „Schäufele" ohne „R" geschrieben wird. Erscheint noch einmal irgendwo „SchäufeRle", drohe ich, die Atombombe zu zünden. Ich glaube, es wird herrlich.

Und Sie da, lesen S' etz endlich amal ferddich! Ja, glabbsters naa.

SCHOPPERSHOF SOLL WÄRMER WERDEN

Mit manchen Tagen ist man schon fertig, bevor sie überhaupt richtig angefangen haben. Tage, an denen man völlig unvorbereitet von einem Terror-Schornsteinfeger geweckt wird zum Beispiel. Der um halb acht an die Tür pumpert, dass Knecht Ruprecht dagegen ein Weichei ist. Wenn man dann im Schlafanzug hochrumpelt, ist man zwar auf, aber noch lange nicht wach. Was alleine ein Blick in den Spiegel beweist.

„Schonnschdeinfeecher, Grüß Gott!", begrüßte mich der Herr in Schwarz gestern vor meiner Wohnungstür. Die Faust noch zum wiederholten Klopf-Alarm erhoben. „Waren Sie angekündigt?", versuchte ich von meinem Schlafanzug-Outfit abzulenken. „Freiliii. Des hängt briiitschabraat im Drebbenhaus!", teilte mir der Glücksbringer gut gelaunt mit. Dem hatte ich nichts entgegenzusetzen und fügte mich in mein Schicksal.

Während der „Man in Black" die Gastherme in meiner Küche überwachte, lief ich wie Falschgeld durch die Wohnung. Denn was, bitte, soll man in der Zeit tun? Sich wieder ins Bett legen – wohin mein Körper eindeutig strebte – geht auf keinen Fall. Duschen? Noch unmöglicher. Nach der Schlafanzug-Performance konnte ich nicht auch noch in ein Handtuch eingewickelt auftauchen. Das war selbst mir zu intim. Setze ich mich mit in die Küche, fühlt er sich überwacht. Von einer Ahnungslosen. Geistere ich nur durchs Wohnzimmer, denkt er, ich habe nichts Besseres zu tun.

Ich hatte nichts Besseres zu tun und geisterte durchs Wohnzimmer. Dabei keimten in mir grundsätzliche Fragen auf: Wieso stand der Schornsteinfeger bei mir eigentlich zum gefühlten dritten Mal in diesem Jahr auf der Matte? In meiner Wand sind meterlange Risse, meine Eingangstür könnte man mit der kleinen Zehe eintreten und durch den Türspalt zieht es, dass mir im Winter fast die Schuhe im Gang einfrieren – aber Hauptsache, meine Heizung ist in Ordnung!

Aber Moment mal. Vielleicht ist meine Heizung genau deshalb so wichtig. Weil ich nicht nur für mich heize, sondern durch meine Anti-Dämmung auch das Treppenhaus. Und die Wohnungen der Nachbarn. Vielleicht die ganze Straße – ja, am Ende ganz Schoppershof? Meine Güte, das würde natürlich einiges erklären.

„Sooch amol, bei uns is' scho wieder so kalt", würde ein Mensch im Nachbarhaus zu seiner Frau sagen. „Ich glaub', der Röggl ihre Heizung spinnt! Schick' mer mal an Schornsteinfeger vorbei."

Wenn dem so ist, nehme ich alles zurück. Ich stelle mich meiner sozialen Verantwortung. Liebe Schoppershofer, ihr müsst nicht frieren! Meine Heizung geht tadellos. Heute Abend dreh' ich wieder auf 28 Grad auf. Ihr könnt die T-Shirts schon mal rauslegen!

CATWALK AUF DEM BISTRO-TISCH

Manche Sachen muss man einfach selber sehen, damit man sie glaubt. Ich habe es jetzt getan: Ich habe mich selbst von meiner Kneipen-Katze überzeugt. „Servus", rief ich ihr nach, als ich sie vor ein paar Tagen abends vor meiner Haustür in die Freiheit entließ. Eine Stunde später machte auch ich mich in ihre Stammkneipe auf.

Gespannt öffnete ich die Tür. Würde ich Joker jetzt beim Karteln am Tresen erwischen? „Isser da?", flüsterte ich dem Wirt zu. „Freilich!", sagte er und deutete nach rechts. Und tatsächlich. Auf einer Bank neben einem lärmenden Achtertisch schlief auf einem apricotfarbenen Kissen seelenruhig – mein Haustier. Ich setzte mich zu ihm. Irritiert hob Joker den Kopf. Ich war ihr sichtlich unangenehm. Muddi war ihr in die Disse gefolgt.

Wie peinlich. Um ihre Unabhängigkeit zu demonstrieren, sprang sie auf den Tisch und zeigte den Gästen, wie ein Catwalk tatsächlich aussieht. Um sein Doppelleben abzurunden, hat mein Tier dort sogar eine andere Identität angenommen. In der Kneipe heißt es Peterle, benannt nach dem dicken Peter, der gerne am Tresen sitzt. Warum, brauche ich, glaube ich, nicht zu sagen. Um es mit dem Handwerker, der ihr heute im Treppenhaus begegnete, auszudrücken: „Ah, Ihre Katze. Schwanger?" – „Nein, nur dick." Ja, die Gefahr, dass sie durch Gullyritzen fällt, ist nicht gegeben.

Seit Mai letzten Jahres kommt Peterle, formerly known as Joker, in das kleine Lokal des netten Wirtes. Warum nur?, rätselte man in dem Bistro vor ein paar Monaten. Der Besitzer des Lottoladens ein paar Straßen weiter löste den Fall schneller als jeder Tatort-Kommissar. „Das ist bestimmt die Katz' von der Anette Röckl", schilderte mir der Wirt die Herleitung des Lotto-Mannes, der zum einen offensichtlich „NN"-Leser ist und zweitens die Bewohner in Schoppershof besser kennt als die NSA Merkels SMS. „In der ihrem Haus hat eine ältere Frau gewohnt. Da war die Katz' bestimmt immer. Und die ist seit Mai im Heim." Von wegen Anonymität in der Großstadt! Wer das behauptet, soll mal zu uns nach Schoppershof ziehen. Dann aber immer schön regelmäßig die Bettwäsche zum Fenster raus lüften… Das Dorf sieht alles.

Es ist aber auch rührend, wie sehr sich alle um mein Viech kümmern. Ich beneide es tatsächlich. Wegen mir hat nämlich noch nie ein Wirt nachts noch mal aufgesperrt. Für Peterle schon.

Einmal habe ich dem armen Tier anscheinend viel zu spät die Pforten nach draußen geöffnet. Der Wirt war schon dabei aufzustuhlen. Seine Frau war bereits vor ein paar Minuten gen Heimat aufgebrochen. Dann rief sie ihren Mann auf dem Handy an: „Das Peterle mit seinen kleinen Beinen", rief sie ins Telefon. „Das rennt wie die Sau um sein Leben, du kannst noch nicht zusperren!" Und der gute Wirt sperrte noch mal auf. Damit meine Katze am Feierabend doch noch in ihre Stammkneipe kam. Auf einen Katzensprung.

Und die Moral von der Geschicht? Es kommt wesentlich besser an, auf vier Pfoten in eine Kneipe hineinzugehen als auf allen vieren raus.

GEFANGEN IN DER KLEIDERWURST

Das Leben kann Tür an Tür total unterschiedlich laufen. Neulich ist mir das wieder bewusst geworden. In der Umkleidekabine. Vor meiner Kabine schwadronierte der Verkäufer über das Oberteil meiner Zellennachbarin, die mit einem selbstbewussten Vorhang-Ratschen vor den großen Spiegel im Vorraum getreten war. „Steht dir super, aber ich würd's an deiner Stelle eine Nummer kleiner nehmen." – „Echt? Aber soll das nicht so ein bisschen fluffig sein um die Hüfte?", meinte sie.

Fluffig? Davon war ich weit entfernt. Maximal entfernt. Während die beiden über die optimale Taillenbetonung plauderten, steckte ich in meinem Kleid fest. Ich hatte schon beim Anziehen kein gutes Gefühl gehabt, jetzt wusste ich, warum. Beim Versuch, mir das Ding über den Kopf zu ziehen, war bei den Schultern Schluss. Schwer atmend stand ich in der Kabine und schnaufte in den Stoff über meinem Gesicht. Die erhobenen Hände in die Kleiderzipfel gekrallt, unten nackt bis auf Unterhose und Socken. Vorsichtig zog ich am Rocksaum. Das Kleid bewegte sich keinen Millimeter. Ruhig, du bist bisher noch aus jedem Kleidungsstück gekommen, versuchte ich mich zu beruhigen. Dann zog ich kräftiger am Saum. Nichts.

„Sieht lässig aus", hörte ich den Verkäufer draußen zur Nachbarin sagen. Mir brach der Schweiß aus. Würde heute mein Albtraum wahr? Musste ich mit erhobenen Händen nach dem Verkäufer rufen, damit er mich mit der Schere aus dem Fetzen schnitt?

O Gott, welche Unterhose hatte ich eigentlich an? Ich blinzelte durch den dünnen Stoff meines Kleides. Okay, die Verkäufernummer kam nicht infrage. Auf gar keinen Fall. Die Würde des Menschen ist unantastbar. Das gilt auch in Umkleidekabinen. Ich musste raus aus dem Kleid und zwar alleine. Ich weiß nicht, ob Sie schon einmal versucht haben, die Schultern einzuziehen – ich kann Ihnen verraten: Es geht nicht. Was auch nicht geht, ist, Stoff auf einem schwitzenden Körper zum Rutschen zu bringen. Ganz besonders nicht, wenn der Stoff Chiffon ist. Da wird der Begriff „Zerreißprobe" plötzlich total anschaulich. Chiffon und Schweiß, das gibt Scheiß. Entschuldigung, aber das nächste Mal in der Kabine sind Sie mir vielleicht dankbar für die Formel. Einstein ist das zwar nicht, aber der hilft einem auch nicht weiter, wenn man in einem Sommerkleid feststeckt. Im Übrigen hilft einem gar niemand. Ich war so allein in meinem Kleid wie Sandra Bullock in diesem Weltraum-Film. Hätte ich ihre Beine, wäre ich vielleicht so zur Kasse gegangen.

Weil ich aber ich war, presste ich alle Luft aus meinen Lungen und zog noch ein letztes, ein allerletztes Mal. Ich hörte die Nähte gefährlich knacken, das Etikett schrammte an meiner Wange vorbei, dann konnte ich die Luft der Freiheit atmen. Nie war Nacktsein schöner!

Erschöpft stand ich vor dem Spiegel. Mein Kopf war dunkelrot, meine Backe zierte ein Schmiss wie bei einer schlagenden Studentenverbindung. Ich war erschöpft, erleichtert, aber auch irritiert. Seit wie vielen Currywürsten passte ich eigentlich nicht mehr in eine 38? Hätte ich doch mal einen Salat essen sollen? Ich schaute auf das Preisschild – und war glücklich. 36! Alles war gut. Ich durfte bei den Currywürsten bleiben. Aber in Zukunft nur noch ohne Darm. Ich weiß jetzt, wie sich eine Wurst so fühlt.

EINKAUFEN MIT DEM I-ARM

Welcher Tag ist heute? Nachdem Sie die Wochenendzeitung in der Hand halten, vermutlich Samstag. 2016. Kann ja nicht schaden, das einmal festzuhalten, denn man kommt ja total durcheinander mit der ganzen Weihnachterei und Silvesterei. Oder bin etwa nur ich so desorientiert? Ehrlich, normalerweise habe ich es ja nicht so mit „normal", aber jetzt, finde ich, kann langsam mal alles wieder normal sein!

Ist doch wahr: Entweder haben alle Geschäfte geschlossen, weil schon wieder Feiertag ist, oder man teilt sich den Laden mit dem Rest Nürnbergs und kann den Guinnessrekord im Schlangestehen brechen.

Apropos brechen: Ich hätte mir neulich beim Einkaufen fast den Arm gebrochen – wegen krasser Überlastung. Ich habe nämlich eine Einkaufswagen-Allergie. Aus gutem Grund: Erstens verkeilt man sich mit den eisernen Riesendingern sehr gern mit anderen Kunden, zweitens fahren die Wägen grundsätzlich in die Gegenrichtung der angepeilten Route. Da könnte man gleich einen bockigen Esel durch den Laden schieben. Der wäre wenigstens kuscheliger.

Deshalb kaufe ich grundsätzlich ohne Einkaufswagen ein. Die Körbe sind allerdings meistens aus, weshalb ich die Einkäufe allein durch Armeskraft zur Kasse bugsieren muss. Ein gekonntes Stapelkonzept ist da von Vorteil. Auf dem Gebiet habe ich es bald zur Meisterschaft gebracht. So viel sei an dieser Stelle verraten: Eine Tiefkühlpizza ist ein ausgezeichneter Grundstock. Eier und Kopfsalat scheiden dagegen aus. So was machen nur Anfänger. Bis unters Kinn habe ich auf diese Weise schon Pizza, Kaffee, Milch, Zucker und obendrauf (hier gehören sie hin) Eier gestapelt. Eines muss man bei dieser Technik aber wissen: wann Schluss ist. Legt man stattdessen nach dem alten Bauklötzchenprinzip immer noch eines obendrauf – hier ein Täfelchen Schokolade, da noch ein Päckchen Wattebäuschchen, kann das letzte Pfefferminzblättchen den Super-GAU verursachen. Wem das passiert, der kann nur hoffen, dass er nicht ausgerechnet an diesem Tag die Tomatensoße in der Jumbo-Glasflasche eingekauft hat. Nicht umsonst beobachtet einen das Supermarktpersonal in solchen Fällen mit Argusaugen. Stapler sind nicht gerne gesehen. Geschweige denn Hochstapler.

Ich finde, die Evolution könnte mal langsam einen dritten Arm hervorbringen. Einer hält die Pizza, der zweite stapelt drauf und der dritte hält das ganze Zeug zusammen. Wäre auch sonst praktisch. Ich könnte hier schreiben, während mir der dritte Arm Erdnussflips in den Mund wirft. Oder mir den Kalender vor die Nase hält, damit ich besser orientiert bin und nicht am Montag wieder an geschlossenen Läden abpralle. Hey, vielleicht sollte ich mir die Idee schnell patentieren lassen. Bevor es heißt, die Firma mit dem Apfel-Logo hat ihn entwickelt: den (Dre)i-Arm.

BIG DATA AUS SCHOPPERSHOF

Man braucht ja Konstanten im Leben. Meine ist diese Woche wieder eingetreten. Um kurz vor acht Klingelsturm an meiner Wohnungstür. Im Schlabber-Schlafanzug mit zu Berge stehenden Haaren öffne ich. Vor der Tür stehen ein dicker Mann in Schwarz und meine Katze, von rechts kichert die Nachbarin im Türrahmen. Verwirrt scanne ich den Dicken nach einem Paket. Überbringt er mir endlich die Schuhe, die ich ausnahmsweise im Internet bestellt habe? Natürlich nicht. Natürlich ist der „Man in Black" – der aufmerksame Leser ahnt es – niemand anderes als: „Schonnschdeinfeecher, Guddn Morgn!" Wie alle Jahre versuche ich, einen kleinen Widerstand zu leisten, der meinen Aufzug rechtfertigt. Denn natürlich sitzt der rechtschaffene Mensch im

Gegensatz zu mir um acht Uhr früh längst adrett gekleidet vor seinem Müsli und schält Obst.

„Waaas? Waren Sie angekündigt?", frage ich. „Jawohl!", schallt es mir entgegen. Die Nachbarin kichert abermals. Natürlich ist sie komplett adrett gekleidet, nur die Frisur ist auch bei ihr noch etwas verrutscht. „Na dann …", sage ich und lasse den Mann eintreten.

Meine Wohnungstür ist doch sowieso nur eine Pseudo-Trennung von der Außenwelt. In Wirklichkeit ist draußen ständig bei mir drinnen und mein Innerstes offen lesbar. Ehrlich, ich habe keine Angst vor der NSA. Mehr als meine Putzperle wissen die auch nicht über mich. Die verkaufte neulich die Info an eine Freundin, dass es bei mir „auch schon mal ordentlicher war". Die Freundin wiederum war quasi Wikileaks und trug mir postwendend die Informationsweitergabe zu. Meine Putzperle, die ich sehr schätze, wie ich an dieser Stelle betonen möchte – und zwar nicht aus Angst, weil sie hin und wieder diese Kolumne liest, nein! –, weiß, wo mein Fahrzeugbrief steckt, wie meine Unterhosen aussehen und welche Bücher auf meinem Nachttisch liegen. Manche finden das beängstigend. Ich habe mich inzwischen frei gemacht von dem Gedanken, kein gläserner Mensch zu sein.

Es hat ja auch so viel Gutes: Geräuschlos schraubt sie neue Brillen auf meine Toilette und Duschköpfe an den Badewannenschlauch. Ist

doch super! Unheimlich würde mir die Sache erst, wenn Produktvorschläge folgen: „Leute, die diesen Rotwein getrunken haben, haben am nächsten Morgen diese Kopfschmerztabletten genommen." Oder: „Hier mein Styling-Vorschlag zu deinen Ringelsocken." Beziehungsweise: „Leute, die oft Salat in ihrem Kühlschrank verrotten lassen, lassen auch gerne Schimmelkulturen auf diesem Frischkäse wachsen!"

Zurück zum Schornsteinfeger: „Sodala", sagt der gute Mann und stellt seinen Laptop auf. Inzwischen misst er „diggidaal", ob in meiner Therme alles passt. „Giengerd aa über Bluuduus", fügt er an. „Näxtes Joahr kriegmer Dabledds. Dann müssmer vielleicht gar nimmer in die Wohnungen nei", sagt er und zwinkert.

Nächstes Jahr wird alles anders. Da schließe ich den Laptop vom „Man in Black" einfach mit meiner Putzfrau zusammen. Dann kann die meiner Freundin twittern, sie soll meiner Nachbarin simsen, sie soll mir „bluuduusen": In fünf Minuten kommt der Schornsteinfeger! Zu irgendwas muss Fortschritt doch gut sein.

ICH SEH' BOMBE AUS!

Neulich hatte ich einen schweren Schock. Schwer im wahrsten Sinne des Wortes. Ich möchte dieses Erlebnis mit Ihnen teilen, weil mir das vielleicht bei der Verarbeitung hilft. Ich bin noch nicht so weit, dass ich darüber sprechen kann, aber schreiben könnte gehen. Wie so oft, bevor man einen Schock bekommt, saß ich nichtsahnend auf dem Sofa. Dann legte ich aus purer Langeweile, gepaart mit Neugier, eine Foto-CD ein. Sie stammte von einer Hochzeit, auf der ich als Trauzeugin amtieren durfte. Zum ersten Mal im Leben. Lange, sehr lange, hatte ich über mein Outfit nachgedacht.

Ich klickte mich durch die Bilder. Die Braut schaute hierhin und dorthin und jedes Mal entzückend aus. „Sehr schön. Tolle Fotografin", wollte ich der Braut gerade per Handy schreiben, als mein Herz stehen blieb. Bei Bild Nummer 151. Ich blinzelte. Was war das? Ein dicker Bomber in einem blauen Kleid. Ich.

Ich zwickte die Augen zusammen. War es wirklich wahr, was ich da sah? Es war. Wie ein bauchiges Tongefäß war ich neben dem Brautpaar arrangiert. Wäre Mariah Carey neben mir gestanden, sie hätte schlank ausgesehen. Reiner Calmund auch. Nie zuvor hatte ich größere Ähnlichkeit mit meinem Vater – als er an Fasching 1975 als Charleys Tante ging. Das Bild ploppte in meinem Kopf auf. Übereinstimmung mit der Tochter: 100 Prozent.

Mit zitternder Hand klickte ich ein Foto weiter. Das Tongefäß konnte sich offenbar bewegen. Jetzt lehnte es an dem Brautpaar, von einem Ohr zum anderen grinsend. Ich erinnere mich, dass ich damals noch dachte, ob es so geschickt ist, dass gerade jetzt ein Windstoß unter mein blaues Hänger-Kleid fährt… Dass ich nachher aber dermaßen Bombe aussehen würde, hätte ich wirklich nicht erahnen können.

Ach Gott, sehe ich Sie die Augen verdrehen, so schlimm wird es schon nicht gewesen sein.

Immer diese Überkritischen! Dieser Meinung war auch die Freundin, der ich nach einem Erste-Hilfe-Schnaps ins Telefon plärrte: „Ich seh' aus wie eine Mülltonne, ich schwöre!" – „Quatsch, das glaube ich nicht!", rief sie zurück und lachte. Eine Viertelstunde später auf meinem Sofa lachte sie noch mehr.

„Aber das weiß doch jeder, dass du in Wirklichkeit nicht so dick bist", versuchte sie mich zu beruhigen und wischte sich die Tränen von den Wangen. „Fotos können lügen!"

Ich denke, diesen Spruch werde ich in schönster Schrift aufsetzen und die Braut zwingen, ihn unter jedes dieser Bilder in ihr Hochzeitsalbum zu kleben. Ich meine, was soll's, es sind ja nur Hochzeitsbilder. Hochzeit! Wann schaut man das schon noch mal an. Wer rahmt sich so was schon? Wer verschickt so was schon an die ganze Verwandtschaft?!

Aber Hauptsache, ich mache auf irgendwelchen dämlichen Party-Fotos, die im Daten-Nirwana jedes Computers verschwinden, eine gute Figur. Auf hochoffiziellen Hochzeitsbildern kann man schon mal als dickster Schlumpf neben Vader Abraham auftreten.

Eigentlich wollte ich das blaue Kleid nie wieder anfassen. Aber dann habe ich es doch getan. Und es in die Waschmaschine gesteckt. Jetzt warte ich, bis es fertig getrocknet ist. Dann brennt es besser.

ICH WILL ZURÜCK NACH SCHOPPERSHOF!

Ich bin fertig, ich bin am Ende. Weil ich etwas Unfassbares getan habe. Nein, ich war nicht in Fürth. Schlimmer – ich war in Köln. Als Fränkin! Einen größeren Gegensatz gibt es nicht. Die Menschen dort sind verrückt, ihre Gepflogenheiten so fremd wie die Stammesriten der Sioux-Indianer. Alle wollen ständig nur eines tun: miteinander sprechen! Egal ob in der Straßenbahn, beim Bäcker oder im Schuhladen – nirgendwo kommt man unbesprochen davon.

Nach einer halben Stunde in dieser jecken Stadt wusste ich von einer frisch operierten Dame, dass sich Sex und Hüftleiden keineswegs ausschließen, und über den Liebeskummer des Kiosk-Besitzers Bescheid. Ermattet bin ich auf eine Bank gesunken, um eine SOS-Botschaft in die Heimat zu schreiben. Ein alter Italiener tippte mir auf die Schulter und sagte strahlend: „Musste nickte telefoniere. Binni ja da!" Dann hat er mir sein Leben erzählt. Und das war lang.

So ging's das ganze Wochenende. Nach zwei Tagen bin ich abgereist, mit klingenden Ohren. Dermaßen verstört, dass ich im Zug von selbst ein Gespräch beginnen wollte. Mit zwei Nürnbergern! Sie starrten mich an wie ein exotisches Tier und gaben mit ihren Rollkoffern Gummi.

Danach kehrte Ruhe ein. Kein Wort wurde im Zug nach Nürnberg mehr gesprochen. Stumm knipste der Schaffner mein Ticket ab. Mein Nebenmann stieg am Hauptbahnhof grußlos aus. Nie werde ich den Moment vergessen, als ich wieder angekommen bin in Schoppershof. Wunderbar und still, ach, so still lag es vor mir! Kein Mensch war auf der Straße, kein Vogel flatterte umher, kein Luftzug ließ überflüssigerweise Blätter im Wind rascheln.

Dankbar sank ich auf die Knie. Endlich daheim! Dort, wo kein Wort zu viel über die Lippen kommt, wo man alleine durch Kopfnicken sein Bier bestellt und selber den Arzt rufen muss, wenn man ohnmächtig wird. Fast musste ich weinen vor

Glück. Drei Minuten hat es gedauert, dann habe ich mein Handy herausgeholt und eine Freundin angerufen. „Ich weiß, es ist spät", flüsterte ich, „aber ich würd' gern noch ein bisschen mit dir quatschen." Sie hat sofort aufgelegt.

Ich muss einen Schaden davongetragen haben. Wenn Sie mich treffen, sprechen Sie mich bloß nicht an. Ich garantiere für nichts!

HIER SPRICHT DIE KATZE

Katzen. Auf leisen Samtpfoten gleiten sie durch die Wohnung, blicken versonnen aus dem Fenster oder rollen sich gemütlich auf dem Sofa zusammen. Ja, Tiere bringen so viel Ruhe ins Leben. Kann das bitte jemand auch einmal meiner Katze sagen? Die hat da nämlich was falsch verstanden. Anstatt ordnungsgemäß zu rollen, schnurren oder sich zu räkeln, jagt mich mein Viech durchs Treppenhaus, büxt in fremde Wohnungen aus, läuft mir ständig vor die Füße oder drückt die Klospülung im Minutentakt. Am allerschlimmsten aber ist es, wenn sie eine Diskussion mit mir anfängt. Geht nicht? Von wegen. Das geht, und zwar so:

Szene im Bad. Ich schminke mich, Katze kommt in den Raum.

Katze *(zögerlich)*: Miau...
Setzt sich auf die Badematte und fixiert mich.

Ich: ...

Katze *(dringlich)*: Miauu!

Ich *(liebevoll interessiert)*: Joker?

Katze *(bestimmt)*: Miauuu!

Ich *(Wimperntusche absetzend)*: Was denn?

Katze *(jammernd)*: Miau Miau!
Streift um meine Beine, meine Hosenbeine mutieren zu Pelzstiefeln.

Ich *(genervt zur Kleberolle greifend)*: Ach Joker!

Katze *(beleidigt)*: Miauu.

Ich *(Verständnis vorgebend)*: Joki, was is?

Katze *(mit fiesem Oberton)*: Miauuu.
Setzt sich heimlich direkt hinter meine Füße.

Ich *(über sie fallend)*: Mensch Joker!

Katze *(anklagend!)*: Miaaaaau!!!
Springt auf die Waschmaschine, Deo fällt scheppernd auf den Boden. Springt wieder runter. Haarspraydose fällt herunter. Katze nimmt Ei-Haltung ein, dreht mir den Hintern zu.

Ich *(Deo aufhebend, besänftigend)*: Jetzt sei halt nicht so...

Katze: ...

Ich *(hoffnungsfroh ob der Stille)*: Braver Joker!

Dann klingelt das Telefon und ich trete meiner Katze so was von auf den Schwanz...

Katze: Miaaaaaaaaaaaaaauuuuuuuuuuuuuuu!!!!!!

Ja, ein Morgen kann so friedlich beginnen.

MEINE LIEGE GEHÖRT ZU MIR!

Neulich wollte ich mich entspannen. Sauna, dachte ich, wäre eine gute Idee, und ich machte mich auf den Weg ins Südbad. Schon das „Belegt"-Zeichen am Parkplatz ließ eine dunkle Ahnung in mir aufkeimen. Die Schlange an der Kasse ähnelte verdächtig der Supermarktschlange an Heiligabend. Spätestens die halbnackte Frau, die in der Umkleide verzweifelten Besucherinnen den Weg zum letzten freien Spind wies, machte meiner Hoffnung auf Ruhe endgültig den Garaus. Hier ging es nicht um Wellness, sondern um Nahkampf. Eine Viertelstunde irrte ich mit zwei Saunataschen im Gepäck durch die subtropisch beheizten Räume, dann konnte ich vier andere Spind-Anwärterinnen mit einer gewieften Ablenkungstaktik – „Dort drüben sind auch noch welche frei!" – aus dem Rennen werfen. Als das Feuer in der Kaminsauna knisterte, fühlte ich, wie der Stressknoten im Magen langsam zu schmelzen begann. Herrlich, ich streckte mich aus.

Bauz, dann ging die Türe auf! Herein in schnellem Lauf eilte, gefühltermaßen, die Hälfte aller Saunabesucher. Wo vorher blanke Holzbretter skandinavische Ruhe vermittelt hatten, drängten sich plötzlich mehr Hintern als auf einem chinesischen Donnerbalken bei Ruhrausbruch. Links und rechts flankierten mich jetzt Gabi, Iris und Manu, die sich „suuupi!" auf den gleich stattfindenden Relax-Aufguss freuten. Auf meinen Füßen nahm eine türkische Oma mit Krückstock Platz. Die kleine Anna-Lena kletterte über mich, um nach oben zu ihrer Mutter zu gelangen. Mir blieb nur eines: Flucht.

Erschöpft stieß ich die Tür zum Ruheraum auf. Zwei Frauen dösten vor sich hin, die restlichen 35 Damen ließen sich von ihren Handtüchern vertreten.

Nein, man dürfe keine Liegen besetzen, versicherte mir der Bademeister und bot an, mich im Falle eines Duelles zu unterstützen. Mit zittriger Hand schubste ich eines der Tücher von einer Liege und legte mich darauf. Dann vertiefte ich mich mit angehaltenem Atem in meine Lektüre: „Die besten Wege zur inneren Ruhe". Mein Puls war so hoch wie bei Vettel kurz vor dem Start. Wann würde die vorherige Liegenbesitzerin kommen, wie würde sie reagieren – und was, wenn es die türkische Oma mit dem Krückstock wäre? Dann wäre ich seniorenfeindlich und Rassistin! Eine halbe Stunde später erschien die Rächerin im pfirsichfarbenen Bademantel. „Unverschämtheit! Das ist meine Liege! Auf die habe ich zwei Stunden gewartet!", stieß sie aus – und zog ab. Um fortan mit der Sporttasche über der Schulter vor mir auf und ab zu patrouillieren. Kein Waldorf-Lehrer der Welt könnte „Vorwurf" besser tanzen.

Wieder zu Hause atmete ich befreit auf, die Katze begrüßte mich gähnend. Ich rannte an ihr vorbei und warf ein Handtuch auf mein Sofa. Sicher ist sicher.

EINE SOCKE KOMMT OFT ALLEIN

Na, warten Sie auch noch auf den Partner Ihres Lebens oder zumindest auf ein halbwegs adäquates Pendant? Dann sind Sie damit nicht alleine. Meiner pinken Socke geht es genauso. Traurig hing sie gestern alleine auf meiner Wäscheleine – zwischen 15 schwarzen Sockenpaaren. Ihr Anblick hat mir fast das Herz gebrochen. Aber ich konnte ihr beim besten Willen keinen Partner anbieten. So sehr ich auch in der Waschmaschine herumgetastet hatte, das Schicksalsrad der Trommel beförderte nichts auch nur annähernd Pinkes zutage. Seitdem baumelte sie depressiv über dem Plastikstrick. Selbst ihr Bündchen schaute schon ganz zusammengeschnurrt vor Kummer aus. Vielleicht waren ihr auch nur die 60 Grad etwas zu heiß gewesen...

Ich dachte, es könnte nicht mehr schlimmer kommen. Bis ich die Socken zusammensortieren musste. Ich will hier ja nichts überinterpretieren, aber als auch die letzte schwarze Socke verpartnert war, glaubte ich, tatsächlich ein Schluchzen vernommen zu haben. Weil ich einiges ertragen kann, aber keine traurigen Socken, fing ich ein Gespräch mit ihr an. „Hallo!", begann ich. Sie ignorierte mich. „Schöne Farbe…", versuchte ich es weiter. Jetzt schaute sie mich anklagend an: „Ja, ganz tolle Farbe, verarschen kann ich mich selber! Wo ist mein anderer Socken?" Ich holte ihr einen Prosecco aus dem Kühlschrank, in der Hoffnung, dass er vielleicht auch bei einem Strumpf die Laune heben könnte, und erzählte ihr von meiner Theorie.

Schon seit längerem ist mir beim Sockenaufhängen aufgefallen, dass die Socken, die übrig bleiben (und es müssen immer Socken übrig bleiben, altes Waschmaschinengesetz) oft etwas ganz Besonderes haben. Ein hübsches Bündchen oder ein schönes Muster oder eine atmungsaktive Sohle. Wenn ihr Partner nicht aus der Waschmaschine kommt, kann ich sie nicht einfach mit einer x-beliebigen anderen Socke zusammenstecken, wie ich es bei meinen normalen schwarzen Socken gerne mache. Die stecke ich manchmal mit einem falschen Partner zusammen – aus Versehen oder weil es ohnehin keinen Unterschied macht. Schwarz ist Schwarz. Pink und Schwarz schaut dagegen in den Schuhen etwas seltsam aus. Ihre Besonderheit macht die Ausgefallenen zu Single-Socken. So lange, bis der passende Zweitstrumpf wieder auftaucht.

An der Stelle schnäuzte sich die Socke in den Taschentuchfetzen, der an dem Jeansbein neben ihr klebte, und sah zu mir auf. Ich bildete mir ein, in ihrer Zehenspitze Hoffnung blitzen zu sehen.

Ich fuhr eilig fort und erzählte ihr, dass der passende Partner meiner Erfahrung nach immer noch aufgetaucht war. Meistens hatte er sich lange Zeit vor der Waschmaschine gedrückt und sich auf dem Boden des Wäschekorbs versteckt. Oder er war aus irgendeinem Grund hinter die Waschmaschine gefallen. Nur in den seltensten Fällen hatte die Waschmaschine ihn tatsächlich aufgefressen – das ist nur ein Ammenmärchen. Meistens musste man einfach nur ein bisschen Geduld haben. „Echt jetzt?" Die Socke schien plötzlich etwas pinker als vorher. Scheinbar war ihr der Sekt etwas zu Fuße gestiegen. Ich nickte und pflückte sie behutsam von der Leine. Ohne sich zu sträuben, ließ sie sich von mir zu den anderen Single-Socken im Schrank legen. Im Gegensatz zu den Paar-Socken, die brav ineinandergerollt liegen müssen, dürfen die einzelnen Socken in einer Schachtel lustig durcheinanderpurzeln. Als ich dabei war, die Tür zu schließen, konnte ich hören, wie sich eine gestreifte Wollsocke aufgeregt auf sie stürzte: Sie warte ja schon seit einem halben Jahr auf ihre bessere Hälfte. Aus Verzweiflung habe sie neulich sogar eine Liaison mit einer Stulpe angefangen! Auf meine Theorie sei kein Verlass.

Morgen gehe ich in die Stadt. Pinke Socken kaufen. Eine lasse ich unterwegs verschwinden, die andere bringe ich heim. 95 Prozent Übereinstimmung. Was Elite-Partner kann, kann ich schon längst.

BEI MIR TRAINIERT DER KOPF

Sekunde, ich bin gleich bei Ihnen. Ich mache nur gerade einen Handstand. Die Tatsache, dass nicht mal einer meiner Kollegen verwundert schaut, liegt daran, dass mein Handstand nur virtuell ist. Aber egal. Wirklichkeit, das wissen wir doch, gibt es gar nicht. Wir interpretieren uns Sachverhalte und Menschen zurecht und nennen das Ergebnis Realität.

Alles nur Kopfsache. Und genauso gehe ich jetzt auch mein Frühlingsfitnessprogramm an. Es läuft fantastisch! Im wahrsten Sinn des Wortes. Neulich bin ich um den Wöhrder See gejoggt – alleine mit der Kraft meiner Gedanken. Dass mein Körper währenddessen auf dem Sofa saß und „Magnum" anschaute, ist nebensächlich. Um mein mentales Training zu unterstützen, habe ich den Körper immerhin vorher dazu gebracht, zum Kleiderschrank zu gehen und Laufklamotten rauszusuchen. Ein Vorgang, der reale Dehnübungen beinhaltete, weil die Jogginghosen seltsamerweise ganz hinten in meinem Schrank verstaut waren.

Zu dem Zeitpunkt wollte ich eigentlich auch tatsächlich aus dem Haus gehen; der Blick auf die von Schnee bedeckten Flip-Flops auf meinem Balkon brachte mich dann plötzlich in Richtung „Training als Kopfsache". Ich setzte meinen Körper im Sportdress wieder aufs Sofa und ging die Sache mental an.

Ich stellte mir vor, wie ich leichtfüßig die Treppen nach unten sprang. Dann trat ich vor die Haustür und begann mit ein paar Aufwärmübungen. Im Geiste beugte ich mich zu meinen Zehenspitzen hinunter. Mein Körper auf dem Sofa beugte sich ebenfalls nach vorne. Mir war die Fernbedienung hinuntergefallen. Nachdem ich sie unter dem Sofa wieder hervorgeangelt hatte, waren Körper und Geist aufgewärmt. Ich trabte los. Der Wind auf der Straße schlug mir so eisig entgegen, dass ich die Kuscheldecke auf dem Sofa enger um mich zog. Beschwingt erreichte ich den See, wo mich andere Jogger freundlich grüßten. Ich war jung, ich war frei – ich sah den Hundehaufen auf dem Gehweg nicht. Moooment, Korrektur. So real musste ich es ja auch nicht machen.

Ich spulte zurück und ließ mich elegant über den Hundehaufen springen und ohne Anstrengung die Konrad-Adenauer-Brücke hinaufjoggen. Am wasserspeienden Pferd ohne Wasser ging's vorbei und aufs zugige Eck am Norikus zu. Ich merkte, wie mein Geist langsam außer Atem kam. Auf der Höhe des Wasserspielplatzes hatte ich einen kleinen Einbruch, aber ich kämpfte weiter. Joggte die Treppe zur Eisenbahnbrücke hinauf, ein Zug ratterte über meinen Kopf hinweg. (Magnum war gerade in eine Schießerei verwickelt …)

Auf der anderen Seite des Sees am Wastl angekommen, ging mir die Pumpe. Um Kräfte zu sparen, legte ich meinen Körper auf dem Sofa hin. Endspurt. Mit Gedankenkraft jagte ich den Berg Richtung Schoppershof hinauf. Oben angelangt, schnaufte ich schwer, meine Knie waren aus Gummi. Trotzdem sah ich fantastisch aus, wie mir der Seitenspiegel eines Autos zeigte.

Federnden Schrittes ging ich nach Hause. Erschöpft, aber glücklich.

Am Dienstag trainiere ich wieder. Um 17 Uhr kommt „Raumschiff Enterprise". Ich leg' mir schon mal die Laufsocken aufs Sofa. Und dann: Beam me up, Sporty!

PALME, WOHIN WILLST DU?

Haben Sie einen grünen Daumen? Herzlichen Glückwunsch. Ich nicht. Ich habe dafür einen 15 Jahre alten Benjamin mit fast keinem Blatt mehr an seinen dünnen braunen Ästen. Die streckt er zwischen Billy-Regal und Fensterfront hervor wie Hänsel das Stöckchen bei der bösen Hexe. Und bei der wohnt er ja praktisch auch. Nur dass ich ihn nicht mäste, sondern bei lebendigem Leib verhungern lasse – soweit man das bei Pflanzen sagen kann. Nicht, weil ich sadistisch bin, sondern einfach vergesslich. In dem Jahr, in dem ich ihn wundersamerweise viermal gegossen habe, habe ich aus seinen Blättern Applaus vernommen. Damals hatte er noch welche. Jetzt sieht er, wie gesagt, leider etwas mager aus. Was mir überhaupt nicht mehr auffallen würde. Das Baumgerippe gehört für mich in meine Wohnung wie die Stehlampe. Eine Freundin deutete neulich allerdings schockiert auf den Ficus. „Allmächd, was machst du?!", fragte sie mich entgeistert. „Nix", antwortete ich wahrheitsgemäß. Sie hat mir dann einen längeren Vortrag über die Notwendigkeit von Wasser für Zimmerpflanzen gehalten. Sonst bräuchte man gar nichts Großartiges zu machen. Sie selbst wohnt in einer Art Dschungel. Selbst Primeln wachsen bei ihr zu Kopfsalatgröße heran. Wasser, sagt sie jedes Mal, wenn ich sie nach ihrem Trick frage. Bloß Wasser.

Ich glaube, ich habe eine Gieß-Hemmung. Seltsamerweise beschränkt sie sich aber nur auf Zimmerpflanzen. Denn auf dem Balkon gieße ich regelmäßig. Na ja, meistens jedenfalls. Vielleicht liegt es ja daran, dass ich Dinge in meiner Wohnung automatisch als Gegenstände betrachte. Und meine Bücher, den Fernseher und den Couchtisch gieße oder dünge ich ja auch nicht. Die Katze füttere ich vermutlich nur, weil sie sich bewegt und Geräusche macht. Dadurch kann ich sie nicht so leicht mit dem Hocker verwechseln – was ich von der Form her langsam

durchaus könnte, aber das ist wieder ein anderes Thema ...

Eine tapfere Pflanze scheint mich jetzt durchschaut zu haben: die Palme in meinem Redaktionsbüro. Auch sie kann nicht laufen. Aber sie versucht es. Innerhalb erstaunlich kurzer Zeit – etwa einem halben Jahr – hat sie sich mit ihrem Kopf immer mehr seitwärts geneigt. Damit sie nicht umkippt, habe ich sie zur Wand gedreht. Klammheimlich hat sie sich wieder umgedreht. Zum Fenster, zur Sonne strebt sie. Eigentlich will sie sich dadurch vom Acker machen, vermute ich.

Allein, es hat nicht funktioniert. Stattdessen hängt sie mit der Blätterkrone in der Heizung wie ein Besoffener über der Kloschüssel. Vielleicht morst sie über den Heizkörper mit ihren Blättern geheime Botschaften an die Freundin mit dem grünen Daumen, damit die sie errettet. Ich weiß es nicht. Ich mache auf jeden Fall mal das Fenster zu und gebe ihr jetzt gleich einen Schluck Wasser. Hoffentlich vergess' ich's nicht ...

MIT DEM NAVI AUF DEM HOLZWEG

Ich mochte mein Navigationsgerät immer. Vor seiner Zeit musste ich mir seitenweise Routenberichte aus dem Internet ausdrucken, die ich dann während der Fahrt zu lesen versucht habe. Da ist ein Navi ein grandioser Fortschritt. Vor allem, wenn man ein Orientierungs-Depp ist. Ich gebe es zu: Mit Himmelsrichtungen braucht man mir nicht zu kommen. Beschreibungen, die mit „nordöstlich von" beginnen, sind bei mir zwecklos. Genauso gut könnte man da auch mit meiner Katze sprechen. Wobei die noch immer nach Hause gefunden hat.

Mein Navi fand ich also immer toll. Bis vor kurzem. Da war es gemein und niederträchtig zu mir. Wie seine Kumpels, die ahnungslose Menschen schon in tiefe Wälder oder sogar Seen geschickt haben. Auf dem Weg ins Allgäu kam es zum Bruch zwischen uns.

Am Anfang war noch alles gut, dann lotste es mich auf eine Bundesstraße statt auf eine Autobahn. Ich habe Dörfer und Industriegebiete gesehen, von denen ich noch nie gehört hatte. Weil die Landschaft aber meistens schön war, war ich nicht allzu böse. Auch als mein Navi mich kurzzeitig verlor, war ich noch milde gestimmt. Ich konzentrierte mich auf das Abendrot über Nordendorf. Dann aber, kurz vor Augsburg, meldete sich der kleine Teufel plötzlich minutenlang ab. Letztes Signal vor 3,21 Minuten. Eine schöne Meldung. Vor allem, wenn man vor 3,21 Minuten als letzte Info gelesen hatte, dass bald eine Ausfahrt anzusteuern ist. Welche? Keine Ahnung, natürlich.

30 Sekunden später war mein Navi wieder bei Bewusstsein. Jedoch, die Erleichterung hielt nicht lange. „Biegen Sie in 50 Metern links ab." Ich war verwirrt. Ich konnte nicht links abbiegen. Nicht in 300 Metern, nicht in 100, und in 50 schon gleich gar nicht. Da stand ein Haus und das sollte auch so bleiben. „Biegen Sie jetzt links ab", beharrte der Satan.

„Deutschherrnstraße" stand auf seinem Display. Laut meinem Navi war ich nach einstündiger Fahrt also wieder in Nürnberg. Ich transpirierte spontan die Umrisse Deutschlands unter beide Achseln. Vertrauensbildende Maßnahmen sehen anders aus.

Mutig fuhr ich weiter. Mein Gefühl sagte mir, die Richtung stimmte. Mein Navi war da anderer Meinung. Und teilte mir prompt mit, auf welcher Straße ich mich seiner Ansicht nach befand: „Holzweg". Ich bin sicher, es hat dabei süffisant gegrinst.

Gegen Ende der Reise war das Gerät plötzlich wieder in seiner alten Form. Gewissenhaft wies es mich in das 500-Seelen-Dorf, in das ich fahren wollte. Als ob nichts gewesen wäre.

Aber es ist nicht mehr dasselbe zwischen uns. Das Vertrauen ist weg. Ich werde mir in einem Elektrohandel ein neues Navi kaufen. Wie ich dorthin komme? Pah.

JOKER, BITTE MELDE DICH!

Lieber Joker,
in meiner Not veröffentliche ich diesen Brief an dich. Ich weiß, du kannst besser fressen als lesen, aber vielleicht findest du ja jemanden, der dir meine Zeilen vorliest. Mir ist klar, es hat in letzter Zeit Unstimmigkeiten zwischen uns gegeben. Darüber, ob vier Mahlzeiten am Tag genug sind und ob das Sofa ein guter Kratzbaum ist oder nicht. Meinungsverschiedenheiten hatten wir auch darüber, wem das Kopfkissen gehört. Es tut mir leid, dass ich dabei ab und zu einmal meine Stimme erhoben habe. Auch dass ich das Grillhähnchen neulich nicht mit dir geteilt habe, obwohl ich sehen konnte, wie sehr dein Herz – und deine Kralle – daran hängt, tut mir nachträglich sehr leid.

Endgültig eskaliert ist der Streit dann, als ich dich letzte Woche, als du nichtsahnend aus deiner Kneipe zurückgekehrt bist, in den Korb bugsiert und zum Tierarzt gefahren habe. Ich hätte vorher mit dir über die Impfung und das Thermometer in deinem Hintern sprechen müssen, ich weiß. Ich kann verstehen, dass dich das in deiner Autonomie verletzt hat. Meine Psychologin hat ausführlich mit mir darüber gesprochen, was so etwas mit dem Gegenüber macht.

Könnte ich alle diese Dinge ungeschehen machen, ich würde es tun. Dann lägest du jetzt auf mir und würdest meinen schwarzen Rock vollhaaren oder du würdest über meine Tastatur laufen. Stattdessen ist da jetzt nur Leere. Und ein Abdruck deiner sechs Kilo auf dem Sofa. Denn du bist fort. Ohne Abschiedsbrief, nicht mal einen kleinen Haufen hast du im Katzenklo hinterlassen. Wo du bist, willst du mir nicht verraten. Von deinem Wirt weiß ich nur, dass du auch nicht in deiner Stammkneipe gewesen bist. Vermutlich brauchst du ein bisschen Abstand, um einen leeren Bauch zu bekommen. Ich hoffe nur, du bist nicht mit einer anderen auf und davon. Mit einer Jüngeren, die du bei Rock im Park gefunden hast. Sollte es so sein, fall bitte nicht auf sie herein: In den schönen bunten Dosen ist kein Futter, sondern nur Bier! Ich will dich doch nur vor einer Enttäuschung bewahren.

Lieber Joker, falls dir irgendjemand diesen Brief vorliest, bitte, gib dir einen Ruck und komm zurück. Oder ruf mich wenigstens an. Schick mir eine Maus. Was auch immer. Es vergeht kein Tag, an dem ich nicht an dich denke. Auch die Fusselrolle im Bad ist schon ganz depressiv. Bitte, mein Hase, gib mir noch eine Chance. Ich nenn' dich auch nie wieder Dicke!
Kralle drauf. Dein Frauchen.

HIER SPRICHT JOKER

Liebe Leute und Leser,
liebe Mäuse in Schoppershof,
wie ihr schon wisst: Ich bin zurück. Mein schwatzhaftes Frauchen, das mich in jeder zweiten von diesen Dingern, Kolonnen oder so, verbrät, hat es euch ja schon mitgeteilt. Ich finde, es ist an der Zeit, dass ich mich selber einmal zum Geschehen äußere. Die Röckl tippt für mich, obwohl sie es auch nicht viel besser kann als ich, aber gut. Ich möchte einiges klarstellen: Richtig ist, dass ich neulich mit einer Jüngeren mitgegangen bin, die tatsächlich auf dem Nachhauseweg von Rock im Park war. Sie hat zwar versucht, mich unterwegs abzuschütteln, aber so schnell geb' ich nicht auf! Falsch ist, dass ich vom Rechenberg bis nach Ziegelstein fünf Katzen verdroschen habe. Es

waren nur zwei – und sie hatten es verdient. Richtig ist, dass ich mich bei meiner Neuen echt wohlgefühlt habe, auch wenn ich den drei griechischen Hirtenhunden erst mal klarmachen musste, wer jetzt der Herr im Haus ist. Miez. Falsch ist hingegen, dass die Hirtenhunde jetzt auf Schadenersatz wegen Körperverletzung klagen. Hunde sind viel zu doof, um zum Anwalt zu gehen. So.

Dann noch ein Wörtchen zum sauberen Onkel Christian aus Heroldsberg: Schön und gut, dass Sie die schreiberischen Machwerke meines Frauchens lesen, aber mussten Sie mich gleich verpfeifen? Wenn Sie nicht draufgekommen wären, dass ich der Röckl ihr Pseudo-Kater bin, könnte ich heute noch das gute Katzenfutter in Ziegelstein genießen. Herzlichen Dank!

Und auch du, lieber Feuerbachs-Wirt – schon mal was von Privatsphäre gehört? Ich liebe dein Trockenfutter „sensitiv" und deinen Biergarten, aber gleich das ganze Viertel mit meinem Konterfei zu bekleben, nur weil ich mir mal eine Woche Auszeit gegönnt habe? Fährst du nie in den Urlaub? Aber es war schon schön, wie du dich gefreut hast, als ich zum Deutschlandspiel vorbeigekommen bin. Und dass die Mama vom Lottoladenbesitzer fast geweint hat, war schon auch süß.

Ehrlich, ihr seid alle die besten Zweibeiner, die ich kenne. Aber mit festen Bindungen habe ich es einfach nicht so. Googelt halt mal unter „Katze", da werdet ihr sehen, dass das bei uns einfach nicht drin ist in der DNA. Wir lieben die Freiheit! Und wir können Gedanken lesen. Deshalb, Fräulein Röckl – wegen Halsband und GPS-Ortung: Denk gar nicht drüber nach!
Servus und schnurr, euer Joker.

ROBBEN, DER BLEICHE SPANIER

Eines vorneweg: Es gibt viele Frauen, die etwas von Fußball verstehen. Daneben gibt es aber auch Frauen, die unheimlich gerne Fußball schauen, obwohl sie nicht so ganz informiert sind, worum es geht. Weil es sie beruhigt, auf eine grüne Fläche zu schauen, auf der 22 Typen einen Ball von links nach rechts schieben. Auch das ist in Ordnung. Wenn fundiertes Wissen auf gefährliches Viertelwissen trifft, kann es allerdings zu Dialogen der Hölle kommen.

Hier das Protokoll eines Trialogs zwischen drei Freundinnen während des Champions-League-Viertelfinales zwischen FC Bayern und Juventus Turin. Nennen wir sie Lisa, Britta und Andrea. Ähnlichkeiten mit lebenden Personen sind reiner Zufall.

Andrea Pirlo greift für Turin an. Die Kameras zoomen ihn heran.

Lisa: Sag mal, der Bärtige da vorn, wer ist das? Buffon?

Britta: Buffon ist Torwart. Der spielt nicht im Sturm.

Lisa: Aber hatte der nicht sowieso eigentlich eine Glatze?

Britta: Du meinst Collina. Der ist Schiedsrichter!

Andrea: Das weiß ja sogar ich. Der sieht aus wie aus Körperwelten.

Britta: Apropos, wie schaut Oli Kahn da eigentlich aus? Als ob er zu einer Beerdigung geht. Ganz in Schwarz! Kann er doch nicht bringen, der ist doch ein ganz heller Typ. Und seine Matte ist viel zu lang. Haben die ihm da auch noch ein Eck reingeschnitten?

Andrea: Ich finde, er schaut langsam aus wie Heino ohne Brille.

Britta: Also, jetzt mal wieder Konzentration aufs Spiel.

Lisa: Da – Asamoah! Asamoah spielt mit!

Britta: Bitte! Asamoah spielt bei Fürth. Nicht alle Schwarzen sind Asamoah. Das ist ja wohl total

rassistisch! Außerdem hat der eine ganz andere Frisur. Vielleicht ist es Jérôme Boateng. Der kleine Bruder von?
Andrea *(stolz)*: Kevin-Prince Boateng!
Britta: Sehr gut.
Lisa: Aber auf dem Trikot grad' stand doch Asamoah! Ich hab' doch keine Halluzinationen.
Andrea: Da, jetzt hab' ich's auch gesehen: Asamoah!
Britta: In der Tat. Aber dann ist das halt sein Neffe oder Asamoah ist ein ganz üblicher Name. Der Gerald ist es jedenfalls nicht.
Lisa: Okay.
Britta: Den hab' ich übrigens letztes Jahr bei Hiro Sakao in Fürth getroffen.
Lisa *(listig)*: Und auf welcher Position spielt Hiro Sakao?
Britta *(schockstarr)*: Verarsch' mich nicht. Das ist ein Sushi-Lokal!
Lisa: Weiß ich doch. War echt nur ein Scherz.
Arjen Robben kommt ins Bild.
Andrea: Ach, spielt Robben bei Juventus?
Britta: Was??!! Nein!!! Wie kommst du darauf?
Andrea: Na ja, wegen dem roten Trikot. Das symbolisiert für mich Spanien.

Britta: Juventus TURIN!
Andrea: Ach Gott, ja, hab' ich grad verwechselt. Ich hab' mich auch schon gefragt, wo eigentlich der Jogi ist, wo doch die Deutschen spielen ...
Britta: Du kannst dich ja überhaupt nicht orientieren! Weil du so ein Gelegenheitsschauer bist. Die denken dann, Rot ist Spanien und Bayern Deutschland. O Mann.
Lisa: Robben ist doch außerdem Holländer.
Britta: Genau. Robben, der ausgebleichte Spanier. Ich fasse es echt nicht. Ich verlange ja nicht viel, aber zu wissen, dass Robben im roten Trikot für Bayern spielt, das ist wirklich das Mindeste! Und jetzt Ruhe. Wir schauen Fußball.
Lisa: Für wen bist du eigentlich?
Britta: Keine Ahnung. Eigentlich ist es mir wurscht.

Das zweite Tor für Bayern fällt.
Britta *(reißt die Arme hoch und jubelt)*: Oh, ich glaub', ich freu' mich doch eher für die Bayern.

Das Spiel ist aus. Zurück im Studio.
Andrea: Mein Gott, Jupp Heynckes. Der sieht immer so ängstlich aus. Wie so ein Rhesusäffchen.

Britta: Der ist nur alt. Wenn du jeden Tag aufstehst und als Mumie zur Arbeit musst, schaust du auch so aus.
Andrea: O Gott, so fühle ich mich auch oft…
Lisa: Ja, und deshalb gehen wir jetzt auch ins Bett. Gut' Nacht!

WAS ZERKOCHE ICH HEUTE?

„Am besten kann ich mich beim Kochen entspannen." Ein Satz, der mir so unerklärlich ist wie Steilwandklettern. Nichts dagegen, aber nichts für mich. Das Wellnessen beim Kochen funktioniert höchstens in meinem Kopf. Vor meinem geistigen Auge sehe ich mich gelassen eine Zwiebel schneiden, dann pflücke ich lächelnd eine Handvoll Basilikum vom Balkon. Im Ofen backt irgendetwas, das ansprechend riecht und mollige Hitze verbreitet. Der Tisch in meinem – selbstverständlich aufgeräumten – Wohnzimmer ist gedeckt, meine Gäste können kommen.

Ich kenne Menschen, bei denen läuft das so. Die laden mal eben auf einen Glasnudelsalat ein, backen Nussecken, ohne auch nur einen einzigen Krümel auf der Küchenanrichte zu hinterlassen, oder kreieren Salate, die aussehen wie Deko-Arrangements von angesagten Floristen. Ohne eine Schweißperle auf der Stirn legen diese Kochhybriden letzte Hand an ihr lukullisches Werk, öffnen gleichzeitig eine Weinflasche und schaffen es dabei noch, sich mit den Eingeladenen zu unterhalten.

Bei mir sieht die Sache ein bisschen anders aus. Und das geht schon beim Einkauf los, den ich grundsätzlich zu spät antrete. Im nächsten Schritt vergesse ich die Hälfte, am besten Basisbestandteile. Dass ich zur Lasagne Nudelplatten brauche, fällt mir meistens erst dann ein, wenn ich meine Tüten und mich bereits in den dritten Stock geschleppt habe. Fluchend drehe ich dann wieder ab, um erneut in den Supermarkt zu wetzen.

Um die verlorene Zeit bei der Kocherei wieder einzuholen, schneide ich die Zwiebeln dann nicht hingebungsvoll wie Sarah Wiener oder lässig wie Jamie Oliver, sondern eher wie Edward mit den Scherenhänden.

Alle Kochtöpfe, die ich brauche, sind grundsätzlich in der Spülmaschine oder gar nicht mehr vorhanden, weil sie die letztmalige Kochaktion nicht überstanden haben. Eher trennen sich

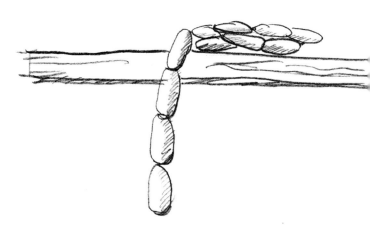

siamesische Zwillinge, als dass eingebrannter Reis sich wieder von einem Topfboden löst. Dafür hat man tagelang ein gemütliches Lagerfeuer-Flavour in der Küche hängen. Aber das nur nebenbei. Abgerundet wird der Wahnsinn, wenn dann noch eine Freundin bei mir in der Küche

sitzt, mit der ich mich unterhalten soll. Da lese ich das Mehl im Messbecher schon mal beim Zucker ab – was dem Rezept einen geringfügig anderen Touch gibt...Wenn alle Frauen angeblich supermultitaskingfähig sind, bin ich offensichtlich ein Mann.

O Mann. Wann hat das eigentlich angefangen, dass Kochen plötzlich so wichtig wurde? Und Orangencarpaccio an Avocado-Schaum plötzlich so normal wie Nudeln mit Soße? Fast keiner mehr, der sein Essen nicht in Türmchen anrichtet, Suppen in Gläser gießt oder über Balsamico-Reduktionen schwadroniert. Und darüber, wie entspannend Kochen einfach ist.

Sorry, ich kann da nicht mithalten. Um es mal ganz reduziert zu sagen: Besser als am Herd entspanne ich mich auf meinem Sofa. Mit einem Teller Fischstäbchen auf dem Schoß. An Remouladen-Schaum, versteht sich. Bon appétit!

ICH MACH' MICH MAL VOM ACKER

Für alle, die manchmal nicht wissen, wie sie ihren freien Tag rumkriegen, habe ich einen ganz heißen Tipp: Einfach mal mit dem Auto (möglichst groß und schwer beladen, Frontantrieb ein Muss) in die Fränkische fahren und schwungvoll in einer Wiese mit Hanglage parken. Danach einen halben Meter mit dem Auto seitlich abwärts abschmieren und feststellen, dass Wiesen manchmal trockener aussehen, als sie sind. Trotz eines eher unwohlen Gefühls aussteigen, spazieren gehen, schön in die Landschaft schauen und die frische Landluft schnuppern. Aufkeimende Gedanken an die Rückfahrt und damit eventuell verbundene Problematiken verdrängen.

Dann irgendwann wieder beim Auto ankommen. Beherzt in die matschigen Stollen neben den Reifen treten. Wozu haben Schuhe ein Profil? Hoffnungsfroh ans Steuer setzen. Motor anlassen, Gas geben, Reifen durchdrehen lassen. Die Beifahrerin zwingen, auszusteigen und anzuschieben. Stopp-Rufe derselben geflissentlich überhören. Wer lenkt, weiß Bescheid. Ordentlich Gummi geben und zur Unterstützung auf dem Fahrersitz vor- und zurückschaukeln. Mit dem Gas erst nachlassen, wenn die Matschspritzer auf dem Gesicht der Anschieberin gleichmäßig verteilt sind.

Motor professionell abwürgen und aussteigen. Stroh und Gras vom Wegesrand reißen und unter die Autoreifen legen. Vorgang mindestens zehnmal wiederholen. Zwischendurch eine Zigarette rauchen. Das gibt Kraft. Gedanken an Nervenzusammenbrüche vermeiden. Dann alles, was sich im Auto findet, unter die Reifen legen: Zeitung, Bademicatte, Flickerlteppich. Sich noch tiefer in den Boden eingraben. Bewundern, wie schön sich „Nürnberger Nachrichten" um Reifen wickeln können. Angst vor dem Bauern, dem die Wiese gehört, entwickeln. Aussteigen. Weinen.

Sich wie Vivien Leigh in „Vom Winde verweht" auf den Boden werfen und eine Handvoll Erde krallen: Tara! Contenance zurückgewinnen. Umschauen. Zum nächsten Haus laufen, Helfer holen. Diesen fast an den nächsten Baum quetschen, dann endlich wieder auf der Schotterstraße landen. Uff.

Geläutert nach Hause fahren. Mit schlammverspritzten Händen die Tür der nächsten Kneipe aufdrücken. Niedersinken, Bier trinken, Stupor. Es gibt nichts Entspannenderes als einen Tag auf dem Land. Ehrlich.

ICH FORDERE: ZEITLUPEN FÜR ALLE!

Stopp! Halten Sie mal kurz an. Denn wer zu schnell durchs Leben geht, verpasst oft die wirklich wichtigen Dinge. Nein, diese Weisheit hab' ich nicht in einem Entschleunigungs-Seminar gelernt, sondern beim Fußballschauen. Dort entfaltet sich die Dramatik der Situation doch erst so richtig in der Zeitlupe. Ein verpatzter Torschuss von Ronaldo ist schnell vorbei, sein Blick gen Himmel danach, von den Fernsehmachern unendlich gedehnt, könnte in jedem Bollywood-Schmachtfetzen mitspielen. Mario Gomez' gedrehter Torschuss entfaltet im Schneckentempo eine tänzerische Poesie, dass man sich das Ballett-Abo direkt sparen kann. Und wenn sich dann der Bundestrainer noch in Zeitlupe durchs Haar fährt, um darauf eine Faust zu ballen, sagt ein Bild mehr als tausend Worte. Ich fordere zwar keine „högschde Disziplin" wie Jogi Löw, dafür aber Zeitlupen für Normalsterbliche! Schon am Morgen könnte ich die Nation mit spektakulären Bildern überraschen, die Béla Réthy perfekt kommentieren könnte: „Schafft es Röckl aus dem Bett?" Die Zeitlupen-Wiederholung zeigt, wie ich mein linkes Bein mit einer sauberen Punktlandung auf dem Boden platziere. Mit dem kleinen Zeh touchiere ich die Handcremetube, die dort unten auf dem Zeitungsstapel liegt. Deutschland hält den Atem an. Rutscht Röckl aus? „Nein, sie fängt sich", ruft Réthy erleichtert. „Aber was macht sie jetzt?! Sie schlittert! Sie schlittert auf dem Zeitungspapier in die Küche. Und kocht sich einen Kaffee! Ein Tausendsassa!" Meine Katze holt die Nachbarsviecher zum Wohnungs-Korso, ich ruhe mich ermattet auf dem Küchenstuhl aus.

Wäre das nicht schön? Unser aller Leben würde endlich mal in seiner alltäglichen Dramatik wertgeschätzt. Mit seinen aufplatzenden Mülltüten, aus denen in Zeitlupe die Nudelreste vom Vortag fallen. Und den Fingern, die verzweifelt auf die Knöpfe der U-Bahn drücken, ehe sie gnadenlos abfährt. Oder der letzten Ein-Euro-Münze, die uns vorm Supermarkt aus dem Geldbeutel in den Gullyschlitz fällt.

Und alle würden mitbangen: Wird Schmidt verzweifeln oder ohne Wagen einkaufen? Wird Müller nach der verpassten U-Bahn-Chance auch das Arbeitsmeeting vergeigen? Und wird Meier jemals wieder die Nudelpampe vom Teppich kratzen können?

Am Feierabend analysiert Franz Beckenbauer dann unseren Tag. „Ja, gut, sicherlich, klar – bei der U-Bahn hätte man die Räume schneller aufmachen müssen. Dafür war das Pressing in der Kantinenschlange gut."

Moment mal, ich hab' gerade wieder Béla Réthy im Ohr: „Wird Röckl jetzt der Abschluss gelingen? Sie scheint kurz vor der Pointe zu stehen! Röckl müsste jetzt einen Punkt machen, Röckl macht ihn! Punkt, Punkt, Puuuunkt für ‚Hallo Nürnberg'!"

PARAPLUIE MIT BINDUNGSANGST

O Mann, schon wieder einer, der mit mir Schluss gemacht hat! Langsam verzweifle ich echt. Was mache ich eigentlich immer falsch?

Dabei hat diesmal alles so schön angefangen mit uns beiden. In einem Klamottenladen sind wir uns zum ersten Mal begegnet. Ich stand gerade an der Kasse, um einen Fünferpack Socken zu bezahlen, als mein Blick auf ihn fiel: Er war so schön, dass mir der Atem stockte. Schneller, als ich denken konnte, streckte ich die Hand aus und zog ihn zu mir. Seine Kumpels schauten ihm traurig nach. Aber ich wusste sofort: der oder keiner. Ich packte ihn, zahlte und ging. Endlich hatte ich ihn gefunden: den Regenschirm meines Lebens! Schwarz mit aufgedruckten Rosen. Ich war sofort verliebt.

Am nächsten Tag stellte ich ihn meinen Freunden vor. Er erntete überall bewundernde Blicke – "Ihr passt super zusammen", war der einstimmige Tenor. "Mein Gott, ist der schön!", entfuhr es meiner Kollegin, nachdem ich seine Schwingen einmal kurz aufgespannt hatte. Ich spürte, ich war angekommen. Endlich. Der Rosenkavalier der himmlischen Schleusen war mein.

Und tatsächlich schützte er mich fürsorglich vor niagarafallartigen Regenfällen und ließ mich elegant wie Mary Poppins die Pfützen überspringen. Hätte Audrey Hepburn einen Regenschirm wählen müssen, sie hätte meinen genommen. Mit ihm an meiner Seite fühlte ich mich geborgen, sicher und wunderschön.

Eine ganze Woche lang, dann hat der Mistkerl sich vom Acker gemacht. In der U-Bahn. Da hat die Romantik aber schnell ein Loch. Hätte er sich nicht einen stilvolleren Ort aussuchen können? Das Grand Hotel oder so? Aber nein, auf dem Weg nach Langwasser Süd verabschiedet er sich. Ich bin enttäuscht. Auch von der Art seines Abgangs. Statt sich zu erklären, bleibt er einfach feige und still im Abteil liegen. Kein Abschiedsgruß, kein letztes Aufspannen, nichts.

Es sind doch alle gleich. Ehrlich. Regenschirme haben Bindungsängste. Dauerhafte Beziehungen, die länger als ein halbes Jahr gehen, sind nichts für diese Aufspanner.

Dabei gilt: je schöner, desto schneller weg. Alte, windschiefe Krücken bleiben natürlich gern bei einem. Die lassen sich sogar hinterhertragen, wenn man sie mal absichtlich im Schirmständer vergessen will. Wackelkandidaten mit halbseitiger Spanner-Lähmung, krummem Stiel oder die, die dauerhaft keinen Schirm mehr hochbekommen, stapeln sich auf meiner Garderobe zuhauf. Eisern warten sie auf den Tag, der mit Sicherheit kommen wird: wenn mein Neuer mit mir Schluss gemacht hat. Dann rappeln sie in ihrer Kiste vor Freude. Und ich muss wieder eine der alten Krücken nehmen. Aber diesmal kommt er mir nicht so einfach davon. Ich hole ihn mir zurück. Und dann soll er mir im Fundbüro der VAG mal erzählen, was die Nummer bitte sollte.

Ich finde, man sollte einen Verein gründen für alle Parapluie-Verlassenen. Und ich weiß, was ich dann übernehme: die Schirmherrschaft.

WIE GEHT'S DER KATZE?

Aufgrund der hohen Nachfrage hier nun zur Beruhigung aller: Der Katze geht es gut! Aktuell liegt sie auf meinem Sofa und schläft. Was sie allerdings treibt, wenn diese Kolumne erscheint, wissen die Götter. Beziehungsweise ihr Kneipenwirt. Denn an einem Samstag wird sie sicher wieder auf dem Barhocker Platz nehmen. Gerade hat sie eine eher inhäusige Phase, die bei dieser frühlingshaften Witterung aber nicht mehr lange anhalten wird, wie ich vermute. Gewichtsmäßig ist sie allerdings immer noch eher der Wintertyp. Vollschlank wäre eine nette Bezeichnung.

Oder man sagt es, wie es ist: „Mein Gott, den Joker muss man mittlerweile ja schon in drei Bahnen streicheln", entfuhr es einer Freundin neulich schonungslos. Gut, ja, zugegeben, man hat neben dem Tier nicht mehr allzu viel Platz auf dem Sofa, dafür sieht man immer schlank neben ihm aus.

Wichtiger ist auch, dass ich eine gute Figur abgebe. Schließlich bin ich ja mittlerweile die Pressedame meiner Katze. Vom Nürnberger Promi-Bodyguard bis hin zur Hausputzfrau erkundigt man sich ständig bei mir, wie es um das werte Befinden der Katze steht. Souverän und immer freundlich nehme ich die Anfragen an und beantworte sie, sofern es in meiner Macht steht. Terminvergaben, wann man die Katze in ihrer Stammkneipe aufsuchen könnte, behandle ich restriktiv. Ich denke, das ist in ihrem Sinne. Lady Gaga kann man schließlich auch nicht einfach so besuchen. Wobei ein Fleischkleid, wie es die Gaga einst trug, für Joker sicher der Wahnsinn wäre. Dann wäre sie endlich dauerhaft umgeben von feinstem Fressen. Dazu noch ein Zimmer voller Mäuse, dann wäre der Katzenhimmel perfekt. An dieser Stelle sei ganz herzlich der Kater eines netten Lesers gegrüßt, der sich neulich in eben diesen aufgemacht hat. Wie denn wohl der Katzenhimmel beschaffen sei, sinnierte der Leser. Ich denke, es geht dort kuschelig zu. Unge-

fähr wie auf der japanischen Insel Aoshima. Die wurde komplett von Katzen übernommen, war neulich zu lesen. Die Bilder kommen einem Katzenhimmel relativ nahe. Für uns Besitzer wäre sie allerdings die Hölle auf Erden. Nach nur einem Tag hätten die Zweibeiner ein Burn-out vom Dosenöffnen und unentschiedenen Verhalten an Wohnungs-, Haus- und Balkontüren. Rein oder raus? Eine Frage, die keine Katze der Welt beantworten kann.

Auch mein Tier hält gerne noch einmal inne, bevor es das Haus verlässt. Minutenlang stehen wir im Rahmen der Haustür und schauen geradeaus. Die Freiheit, die es kurz vorher noch mit Krallenwetzen und nervtötendem Dauermiauen erkämpft hat, erscheint ihm urplötzlich nicht mehr erstrebenswert. Es ist ein Systemfehler, der allen Katzen innewohnt.

Oder ist es gar kein Fehler? Sollten wir alle im letzten Moment vor einer Tat noch einmal „katzen", also extrem zweifeln? „Willst du diese Dingsbumsdingsbums heiraten?" Ähhh, Moment … Wir schauen geradeaus und schweigen. Kommt garantiert super an. Pfote drauf!

KINDER, KINDER!

Unglaublich, dass diese Kolumne doch noch fertig geworden ist. Wobei, in Zeile drei kann ich das ja noch gar nicht sagen. Aber immerhin habe ich es schon mal an meinen Arbeitsplatz geschafft – und damit überhaupt aus dem Haus. Gut, das Frühstück musste ich weglassen, das hätte ich zeitlich nicht mehr gepackt. Um sieben Uhr war ich wach, weil ich auf die Toilette musste – Granufink lässt grüßen –, danach konnte ich eine Weile nicht mehr einschlafen, weil ich über diese Kolumne nachgedacht habe. Dann war es plötzlich zehn. Obwohl ich mir echt zügig einen Kaffee gekocht habe und aufgestanden bin, war es im Handumdrehen halb zwölf. Ich weiß gar nicht, was ich genau gemacht habe. Es sind die vielen kleinen Dinge, die mich ständig beschäftigt halten, die am Ende des Tages aber niemand sieht: Ich musste mich ausziehen, in die Badewanne setzen, waschen, mir die Zähne putzen. Das dauert. Dann musste ich mir eine Wärmflasche auf den Bauch legen und mir einen Fencheltee kochen. Danach habe ich mich trotzdem etwas gebläht gefühlt, aber nach einem Bäuerchen war es okay. Anschließend habe ich überlegt, was ich anziehe. Die Jeanshose konnte ich aus unerfindlichen Gründen nicht mehr leiden. In einem Wutanfall habe ich sie von mir geworfen.

Irgendwie habe ich es dann doch noch in die Redaktion geschafft. Dass ich noch meine wollenen Bettsocken trage, wie ich gerade feststelle, sei's drum. Man muss einfach Abstriche machen. Bevor ich kein Kind hatte, war das anders. Aber kein Kind ändert einfach alles. Das stellt das ganze Leben auf den Kopf, das kann ich Ihnen sagen. Aber das verstehen nur Kinderlose. Andere brauchen da gar nicht mitzureden. Wenn Sie mal kein Kind haben, dann werden Sie mich verstehen. Aber dann werden Sie diese Kolumne vermutlich gar nicht mehr lesen können, denn Sie kommen dann zu rein gar nichts mehr! Auf Verständnis braucht man übrigens nicht zu hoffen:

Warum jammerst du jetzt? Du wolltest es doch so, sagt die Umwelt. Und schüttelt den Kopf. Andere vor dir haben auch schon keine Kinder großgezogen, jetzt stell dich mal nicht so an, heißt es dann gerne.

Pfff. In den 70ern mag das ja vielleicht noch ganz lustig gewesen sein, mit dem ganzen Hippie-Zeug und der freien Liebe. Da wusste man doch eh nicht, zu wem Kinder oder keine gehörten. Heute ist das doch eine ganz andere Nummer. Allein die ganze Ratgeber-Literatur, die einen schier verrückt macht: „Kinderlos – so geht es", „Keine Kinder und Spaß dabei" oder „Wecke dein inneres Kind".

Am Ende weiß man gar nicht mehr, woran man sich eigentlich halten soll. Ist es okay, mit keinen Kindern in die Disco zu gehen? Welche Temperatur sollte der Cocktail haben und muss ich das wirklich auf meinem Handrücken testen? Oder halte ich den Cocktail besser an die Schläfe? Wann ist meine Schlafenszeit und sollte ich beim ersten Quengeln um vier Uhr schon gehen? Sollte ich dreimal oder fünfmal am Tag essen – und muss es wirklich immer frisch gekocht sein? Man sagt mir, ich mache mir zu viel Stress.

Ich soll die Sache ein bisschen lockerer angehen. Aber diese Leute haben keine Ahnung, wie es ist, heute mit keinen Kindern zu leben! Der gesellschaftliche Druck ist enorm hoch. Gerade auf Mütter ohne Kinder. Lockermachen, dass ich nicht lache!

So, ich muss jetzt auch dringend wieder weg. Keine Muffins backen.

FERNSEH-FASTEN

Zur Fastenzeit habe ich mir auch etwas überlegt: Ich mache Fernseh-Fasten. Bislang kann ich sagen: Es ist sehr, sehr hart. Für den Fernseher. Am ersten Tag war er noch voll motiviert. „Wir sehen uns jetzt eine Woche lang nicht", habe ich ihm gesagt und dann den Aus-Knopf gedrückt. Mit einem Knistern verabschiedete er sich und hüllte sich in schweigsames Schwarz.

Bevor jetzt die Heilfasten-Spezialisten zu nörgeln beginnen – natürlich haben wir vorher Entschlackungstage eingehalten. Einen Tag lang haben wir die gröbsten Schlacken „Bachelor", „Stern TV" und „Schwiegertochter gesucht" ausgeleitet. Danach gab es einen Tag lang Phoenix, ARDalpha und Arte. In kleinen Häppchen. Dazu legte ich ihm eine DVD-Doku über die größten

Gewässer der Erde ein – man soll schließlich auf ausreichende Flüssigkeitszufuhr achten.

Die Vorbereitung war optimal, am ersten Tag lief alles nach Plan. Ich nahm auch extra Rücksicht auf das TV-Gerät: Tagsüber war ich in der Arbeit, abends aus. Mich nicht immer direkt vor der Nase zu haben, machte ihm den Verzicht auf mich leichter. Am Abend des zweiten Tages wurde die Versuchung schon größer. Ich war zu Hause, theoretisch jederzeit verfügbar. Ich konnte sehen, dass er mit sich innere Kämpfe ausfocht, aber mein Fernseher blieb stark. Er machte mich nicht an, ließ meinen Arm nicht zur Fernbedienung greifen. Und das, obwohl ich ihm direkt gegenüber saß und ein Buch las. Respekt!

Am dritten Tag kam er stark in Versuchung. Sein rotes Stand-by-Licht blinkte nervös. Zur Sicherheit zog ich den Generalstecker. Ich musste ihn vor seinen Gelüsten schützen. Ein Fernseher ist auch nur ein Mensch. An Tag vier wurde er aggressiv. Obwohl er sich nicht muckste, spürte ich, dass mich sein schwarzer Bildschirm böse anfunkelte. Er hatte gewechselt – auf die dunkle Seite der Macht. Ich setzte mich zur Sicherheit ins Schlafzimmer. Distanz tut jeder Beziehung ab und zu gut.

Am fünften Tag erlebte ich ein Fasten-Wunder: Als ich nach Hause kam, las der Fernseher in einem Buch von Rüdiger Dahlke: „Destruktive Muster erkennen und transformieren". Dazu pfiff er leise vor sich hin. Ab dem Zeitpunkt machte ich mir Sorgen um das Gerät. Ich rief eine Freundin an: „Ich glaube, jetzt dreht er durch", flüsterte ich. Die Freundin riet mir, die Sache eine Weile zu beobachten und dann eventuell Maßnahmen der Rückführung ins normale Leben zu ergreifen.

Mein Fernseher wurde immer vergeistigter. Er las von früh bis spät die schlimmsten Esoterik-Schinken. Wo er die herhatte, ist mir bis heute ein Rätsel. Am Ende pendelte er die Fernbedienung aus und begann Pfeife zu rauchen. Ich kam nur noch selten nach Hause und schaute zur Ablenkung auf befreundeten Fernsehgeräten „Germany's next Topmodel".

Nach zehn Tagen steckte ich ihn dann wieder ein. Er brauchte länger als eine Energiesparlampe, bis ein Bild auf seinem Schirm erschien. Ich hielt den Atem an. Eine platinblonde Frau materialisierte sich. Wenn Quecksilber sprechen könnte, hätte es ihre Stimme: Heidi Klum! Selten habe ich mich so gefreut, die Frau zu sehen. Ich sank auf die Knie und umarmte meinen Fernseher.

Seitdem ist alles wieder relativ normal. Nach leichten Arte-Aufbautagen verträgt er wieder regelmäßig einige Portionen Privatfernsehen. Nur in den Werbepausen schaltet er ab und zu auf Phoenix und schaut sich den Presseclub an.

Dagegen kann ich schlecht was sagen...

EINE JACKE VON EDLEM GEBLÜT

Manchmal sind es ja die Kleinigkeiten, die ein Leben verändern können. Bei mir war es zum Beispiel eine neue Strickjacke. Eine neue alte Strickjacke, besser gesagt. Sie kam zu mir von einer meiner Tanten. Die kauft im Gegensatz zu mir eher im hochpreisigen Segment ein. Diese Wolljacke ist nicht nur von feinster Kuschelqualität, sie ist auch von edlem Geblüt. Sie trägt den schönen Namen Iris von Arnim. Mir gefiel Iris gleich sehr gut. Und zwar nicht aufgrund ihrer adeligen Herkunft, sondern rein wegen ihrer inneren Kuschelwerte. Ich steckte sie in die feinste Plastiktüte, die ich finden konnte, und trug sie nach Hause.

Seit ein paar Wochen hängt Iris jetzt bei mir ab – und irgendwie ist nichts mehr, wie es war.

Es war eine schleichende Veränderung. Wenn ich Iris trage, fühle ich mich anders. Statt wie sonst im Al-Bundy-Stil auf dem Sofa zu lümmeln, nehme ich vor dem Fernseher jetzt automatisch eine Haltung ein wie seinerzeit Jackie O. Auch bei der Auswahl des Programms gibt es Veränderungen: Kann ich Iris „Germany's next Topmodel" zumuten oder sollte ich nicht doch besser eine Adels-Dokumentation suchen oder einen komplizierten französischen Film auf Arte?

Auf dem Weg in die Küche zögere ich, nachdem ich am Spiegel im Flur vorbeigekommen bin. Back-Camembert aus der Fertigpackung? Zweifelnd halte ich inne und lasse den Käse fallen. Was soll Frau von Arnim von mir halten? Wenn ich schon keine Trüffel zur Hand habe, sollte ich mir wenigstens frische Nudeln kochen, die ab jetzt natürlich „Pasta" heißen.

Und ich bin nicht alleine von der Irisierung betroffen: Trage ich die edle Jacke, schaut mich die Katze ehrfürchtig an und beginnt sofort, sich das Fell zu putzen. Ich warte auf den Tag, an dem Joker mit einem Perser-Überwurf nach Hause kommt. Nach dem Motto: Was du kannst, kann ich schon lange.

Auch die anderen Klamotten in meinem Schrank erscheinen mir verschüchtert, seit die Adlige zwischen ihnen hängt. Und eingeschnappt. Weil ich Frau von Arnim nur auf Holzbügel gleiten lasse, während die geduldigen Alltagsblusen aus dem großen schwedischen Modehaus nebendran auf Plastikbügeln darben.

Die Welt ist nicht gerecht. Warum sollte das in meinem Kleiderschrank anders sein? Sorry. Ich hab' ja einmal versucht, die Arnim'sche auf einen gewöhnlichen Bügel zu hängen. Aber den vorwurfsvollen Blick ihrer Knopfaugenleiste erträgt kein Mensch!

Keine Ahnung, wie es weitergeht mit Iris und mir. Ich verspüre in letzter Zeit so einen Hang zu Pferdewetten und Golfschlägern. Und warum bin ich eigentlich noch nicht bei den Rotariern? Ich glaube, ich schlage als Erstes meine Katze vor – beim Lions-Club.

DIE DIVA DES GARTENS

Es gibt Joan Collins. Es gibt Liz Taylor. Und es gibt meinen Rasenmäher. Von allen Diven dieser Welt ist er die denkbar schlimmste. Jedes Frühjahr macht er dasselbe: nichts.

Hoffnungsfroh holte ihn mein Onkel aus dem Schuppen und führte ihn auf die grüne Wiese. Die Tante und ich hielten den Atem an. Denn von den Regungen des Rasenmähers hängt nicht nur die künftige Wiesenhöhe ab, sondern die beherrschende Grundstimmung des Tages. Der Rasenmäher weiß das leider. Wie alle Geräte kostet er seine Dominanz über uns voll aus. Vermutlich ist er bei einem Drucker in die Lehre gegangen. Oder bei Terminator. Dort herrschen die Maschinen bereits über die Menschheit. So auch bei uns.

Der Onkel zog, der Onkel pumpte, der Onkel fluchte. Der Rasenmäher schwieg. Dann gab er ein Geräusch von sich. Würde doch noch alles gut? Nein. Er spielte mit uns wie Wolfgang Petrys Exfreundin mit dessen Gefühlen. So ein „Waaaahnsinn"! Wir kippten den Mäher zur Seite. Mehrere Blickdiagnosen wurden gestellt. Hat er zu viel Benzin? Hat er zu wenig Benzin? War es überhaupt Benzin, was in ihn eingefüllt worden war?! Schweiß glitzerte auf unserem Antlitz. Die Hauptperson stand still und schwieg. Ratlos taten wir es ihr gleich. Dann versuchten wir eine Täuschung. Wir gaben vor, den Mäher zu ignorieren, und ergriffen andere Gerätschaften, allesamt unmotorisiert.

Nach einer halben Stunde Pseudobeschäftigung knickte der Onkel als Erster ein. Er schleuderte die Gartenschaufel von sich und warf sich auf den Anlasser des Rasenmähers. Mit neuen Kräften riss er an der Schnur wie der Mesner bei seinem letzten Läuten. Und siehe da – das Unfassbare geschah: Der Rasenmäher mähte! Die Tante und ich schauten uns mit Tränen in den Augen an. Blicke drückten aus, wofür Worte nicht mehr ausreichen. Verstanden hätten wir sie ohnehin nicht, denn nun wurde der Garten von apokalyptischem Getöse erfüllt. Der Gesang des Rasenmähers – hätte es ihn zu Wagners Zeiten schon gegeben, er hätte ihm sicher eine Oper gewidmet.

Musikalisch kann ich der Diva des Gartens leider nicht huldigen, ich hoffe, sie erkennt diese Kolumne auch als Liebesbeweis an. Und geht beim nächsten Mal einfach an. Sonst schaffe ich mir für das nächste Jahr einfach ein paar Schafe an. Aber wer weiß, was die dann wieder für Probleme machen. Nein, am besten werde ich einfach selber zum Rasenmäher. Der Onkel soll mich an den Beinen durch den Garten ziehen. Dann fresse ich das verdammte Gras eben selber, das kann doch nicht so schwer sein, mein Gott! Und wehe, der Rasenmäher will dann doch wieder mitspielen. Dann veranstalte ich mit der Motorsäge ein Geräte-Massaker. Und werfe die Überreste auf den Müll. Müll, Müll, Sondermüll!

KATZEN KÖNNEN KEINE STEUER

Neulich musste ich lange und laut über einen Witz lachen, in dem es um die Steuer ging. Dann verschluckte ich mich plötzlich fast an dem Lebkuchen, an dem ich gerade kaute. Steuer? Steuer! Unbemerkt war es schon wieder Ende des Jahres geworden.

Schweißperlen wollten mir gerade auf die Stirn treten, als mir einfiel, dass ich seit einem Jahr ein System etabliert hatte. Theoretisch jedenfalls. Während ich früher wie ein Einbrecher auf Speed die Hängeregistratur meiner Handtaschen an der Garderobe nach Lohnzetteln und Belegen aller Art durchforsten musste, brauchte ich jetzt nur noch in einen Karton zu schauen, in den ich alle steuertauglichen Wische das Jahr über hineingeworfen hatte. Ein ordnungsbegabter Mensch hatte mir dazu geraten. Und ich habe in der Tat brav alles gesammelt, was mir zur Steuer dienlich sein könnte. Allerdings auch ein bisschen mehr. Auf mysteriöse Weise sind auch ein paar Dinge dazugeraten, die mit der Steuer nicht direkt etwas zu tun haben: ein rosa Hasenlutscher, ein Fächer aus Assisi, eine Packung Mundschutz aus Japan und einige kleine Pfandflaschen. Immerhin waren diese Dinge auch für mich klar von den Steuerunterlagen zu unterscheiden und schnell aussortiert. Danach gab es nur noch ungefähr 150 Briefe zu öffnen (Was? Dings und Bums haben geheiratet?!) und schon hätte ich alles schön geordnet ablegen können.

Hätte ich. Hätte ich keine Katze. Mit Tieren, die den Spleen haben, sich in jede zu klein erscheinende Schachtel zwängen zu wollen, kann man einfach keine vernünftige Ablage machen. „Joker, bitte steig aus dem Karton aus!", musste ich die Katze mehrmals ermahnen. Ohne Erfolg natürlich. Erst als ich diverse Blätter von Versicherungsunterlagen neben mir auf dem Sofa zu einem ordentlichen Haufen gestapelt hatte, verlagerte die dicke Katze ihren Aktionsradius aus dem Karton auf den Stapel. Der daraufhin schnell keiner mehr war.

Woher wissen Katzen eigentlich immer so genau, wo sie am meisten stören können? Ich denke, es hängt mit ADHS zusammen. Katzen leiden am Aufmerksamkeitsdefizitsyndrom. Und wissen, wie man dagegen vorgeht: sich mit einem Pelzarsch mitten auf einen Stapel extrem wichtiger Papiere setzen. Tadaaa, und schon ist sie da, die volle Aufmerksamkeit des geneigten Besitzers! Aber wehe, man kommt ihnen mit einem Arbeitsauftrag à la: „Könntest du bitte mal diese Tierarzt-Rechnung mit deinen Reißzähnen lochen?" Da rühren sie keine Tatze …

Ehrlich. Was trägt Joker eigentlich zu unserer Lebensgemeinschaft bei? Außer Rocky Mountains im Katzenklo und Fellüberzügen auf Sofakissen fällt mir nicht viel ein.

Okay, das ist jetzt gemein von mir. Natürlich liebe ich mein Tier. Es muss nichts beitragen. Dafür ist es ja ein Tier. Aber zu irgendetwas nütze sein könnte es doch trotzdem … Moment mal: Vielleicht kann ich die Katze ja zumindest von der Steuer absetzen. Als regelmäßiges Kolumnenfutter ist sie doch schließlich auch Arbeitsmaterial, oder? Zum Beweis reiche ich einfach die von Joker handelnden Kolumnen beim Finanzamt ein. Und diese hier kommt gleich mal in den Karton für 2016. Wenn wir dann etwas herausbekommen, kauf' ich uns etwas, von dem wir beide etwas haben: eine neue Maus.

ZUSAMMEN IST MAN WENIGER ALLEIN

Und, klingt „Last Christmas" noch in Ihren Ohren? Ich wurde dieses Jahr von „Stille Nacht" und Co. so weich gespült, dass ich seit Heiligabend nicht mehr von der rührseligen Schiene runterkomme. Neulich fand ich schon „Tagesthemen"-Sprecher Tom Buhrow niedlich. Hilfe! In dieser Stimmung möchte ich mich heute einmal bedanken. Bei Ihnen, liebe Leserinnen und Leser. Mit Glöckchengeklingel und Engelszungen. Denn seit ich diese Kolumne schreibe, weiß ich, ich bin mit meinem alltäglichen Wahnsinn nicht alleine. Auch bei Ihnen verschwinden Socken in der Waschmaschine – wie mir eine Leserin neulich mitteilte –, auch Sie kämpfen mit dem neuen Krankenkassenbild. Zum Teil erwischt es Sie noch viel toller als mich: Ein Leser bekam von seiner Krankenkasse doch tatsächlich die Antwort, dass die Kasse das Passbild nicht seiner Person zuordnen könne. Auf seine Rückfrage, wie denn ein Passbild bitte schön aussehen sollte, das man ihm zuordnen kann, hat er noch keine Antwort bekommen. Rätsel des Alltags!

Ich wiederum wurde von meiner Tante, die auch zu meinem Leserkreis gehört, höchstpersönlich in ein Fotostudio geschleift. Dass ich das Passbild mit meinem wahnsinnig ungezwungen dreinblickenden Konterfei („Schee schaua!") danach aus Trotz einen Monat lang nicht abgeschickt habe, habe ich ihr bisher verschwiegen. Jetzt ist es aber weg, ich schwöre!

Man kann nichts verheimlichen in dieser Kolumne. Und das ist auch gut so. Andernfalls würde ich heute wahrscheinlich immer noch in der Hängeregistratur meiner 14 Taschen nach meinem verschollenen Kfz-Schein suchen. Eine Woche lang habe ich damals alle Tiefen und Untiefen meiner Wohnung fluchend nach dem Auto-Papier durchforstet. Die Erlösung kam erst, als ich meinen Frust über das verlegte Mistding in dieser Kolumne ausbreitete. Noch am Samstagabend bekam ich eine Handy-Nachricht meiner

Putzperle, die ab und an dafür sorgt, dass ich nicht ganz im Chaos versinke. „Lese gerade bei einer Freundin die ‚NN'. Du suchst deinen Fahrzeugschein. Ich weiß, wo er ist", schrieb sie mir. Und tatsächlich: „Im Abstellraum, rechts hinten unter den schweren Taschen" lag unvermutet mein Heiliger Gral!

Neben der praktischen Lebenshilfe, die mir zuteil wird, ist es aber vor allem die moralische Unterstützung von Ihrer Seite, die mein Herz wärmt. Nie werde ich die E-Mail eines Lesers vergessen, der wie ich die Dürer-Ausstellung geschwänzt hatte. „Ich mache Sie nicht fertig, beschimpfe Sie nicht und falle auch nicht über Sie her", leitete er sein Bekenntnis ein. Auch er habe sich fast täglich anhören müssen: „Wos, du warst noch net beim Dürer?!" – und freute sich, dass er mit mir jetzt endlich in bester schlechter Gesellschaft der Kulturbanausen war. Um in unserer Stadt überhaupt noch geduldet zu werden, versprach er damals: „Als echter Närmbercher geh' ich diesmal bestimmt auf den Christkindlesmarkt."

Ich kann nur hoffen, dass er das Vorhaben auch in die Tat umgesetzt hat. Ich war dieses Jahr wieder dort – und von der durchfallartigen Farbe der Glühweinbecher begeistert! Dürer hätte es nicht schöner gemalt.

Für das neue Jahr wünsche ich Ihnen schon jetzt alles Gute und zitiere obigen Leser, der wiederum den Fußballtrainer Dragoslav Stepanovic zitiert: „Lebbe geht weider". Bleiben Sie tapfer. Alles wird. Vielleicht sogar gut!